中/华/少/年/信/仰/教/育

甲午风云

中华少年信仰教育读本编写委员会 / 编著

信仰创造英雄　信仰照亮人生

中国出版集团有限公司

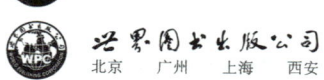

世界图书出版公司
北京　广州　上海　西安

图书在版编目（CIP）数据

甲午风云 / 中华少年信仰教育读本编写委员会编著 . —北京：世界图书出版公司，2016.5（2024.5 重印）
ISBN 978-7-5192-0860-8

Ⅰ. ①甲⋯ Ⅱ. ①中⋯ Ⅲ. ①中国历史—近代史—青少年读物 Ⅳ. ① K250.9

中国版本图书馆 CIP 数据核字 (2016) 第 048999 号

书　　名	甲午风云
	JIAWU FENGYUN
编　　著	中华少年信仰教育读本编写委员会
总 策 划	吴　迪
责任编辑	尹天怡
特约编辑	韩　捷
出版发行	世界图书出版有限公司北京分公司
地　　址	北京市东城区朝内大街 137 号
邮　　编	100010
电　　话	010-64033507（总编室）　（售后）0431-80787855　13894825720
网　　址	http://www.wpcbj.com.cn
邮　　箱	wpcbjst@vip.163.com
销　　售	新华书店及各大平台
印　　刷	北京一鑫印务有限责任公司
开　　本	165 mm×230 mm　1/16
印　　张	11
字　　数	143 千字
版　　次	2016 年 8 月第 1 版
印　　次	2024 年 5 月第 5 次印刷
国际书号	ISBN 978-7-5192-0860-8
定　　价	45.00 元

版权所有　翻印必究

（如发现印装质量问题或侵权线索，请与所购图书销售部门联系或调换）

序　言

信仰是什么？

列夫·托尔斯泰说："信仰是人生的动力。"

诗人惠特曼说："没有信仰，则没有名副其实的品行和生命；没有信仰，则没有名副其实的国土。"

信仰主要是指人们对某种理论、学说、主义或宗教的极度尊崇和信服，并把它作为自己的精神寄托和行动的榜样或指南。信仰在心理上表现为对某种事物或目标的向往、仰慕和追求，在行为上表现为在这种精神力量的支配下去解释、改造自然界和人类社会。

信仰，是一个人在任何时候都不能丢的最宝贵的精神力量。人有信仰，才会有希望、有力量，才会树立正确的价值观，沿着正确的道路前行，而不至于在多元的价值观和纷繁复杂的世界中迷失方向。

信仰一旦形成，会对人类和社会产生长期的影响。青少年是社会的希望和未来的建设者，让他们从普适意识形成之初就接受良好的信仰教育，可以令信仰更具持久性和深刻性，可以使他们在未来立足于社会而不败，亦可以使我们的伟大祖国永远立于世界民族之林。

事实上，信仰教育绝不是抽象的、概念化的教育，现实生活中，我们有无数可以借鉴的素材，它们是具体的、形象的、有形的、活生生的，甚至是有血有肉的。我们中华民族有着几千年的辉煌历史，多少仁人志士只为追求真理、捍卫真理，赴汤蹈火，前仆后继；多少文人骚客只为争取心中的一方净土，只为渴求心灵的自由逍遥，甘于寂寞，成就美名；多少爱国志士只为一个"义"字，不惜抛头颅、洒热血。他们如滚滚长江中的朵朵浪花，翻滚激荡，生生不息，荡人心魄。如果我们能继承和发扬这些精神和信仰，用"道"约束自己的行为，用"德"指导人生的方向，那么我们的文明必将更加灿烂，我们的国运必将更加昌盛。

正基于此，"中华少年信仰教育读本系列丛书"应运而生。除上述内容外，本丛书还收录了中国人民百年来反对外来侵略和压迫，反抗腐朽统治，争取民族独立和解放，前赴后继，浴血奋斗的精神和业绩，尤其是中国共产党领导全国人民为建立新中国而英勇奋斗的崇高精神和光辉业绩；不仅有中国历史上涌现出的著名爱国者、民族英雄、革命先烈和杰出人物，还有新中国成立以后涌现出的许许多多的英雄模范人物。

阅读这套丛书，能帮助青少年树立自己人生的良好的偶像观，能帮助青少年从小立下伟大的志向，能帮助青少年培养最基本的向善心，能帮助青少年自觉调节自己的行为，能帮助青少年锁定努力的方向，能帮助青少年增加行动的信心和勇气。

习近平总书记说："人民有信仰，民族才有希望，国家才有力量。"因此我们有理由相信：少年有信仰，国家必有希望。

中华少年信仰教育读本编写委员会

目录

甲午风云 / 001

影片档案 / 001

荣誉成就 / 002

影片史料 / 002

剧情故事 / 004

影评选粹 / 015

精彩回放 / 016

鸦片战争 / 018

影片档案 / 018

荣誉成就 / 019

影片史料 / 019

剧情故事 / 020

影评选粹 / 032

精彩回放 / 034

林则徐 / 035

影片档案 / 035

荣誉成就 / 036

影片史料 / 036

剧情故事 / 037

影评选粹 / 050

精彩回放 / 051

火烧圆明园 / 052

影片档案 / 052

荣誉成就 / 053

影片史料 / 053

剧情故事 / 055

影评选粹 / 065

精彩回放 / 066

谭嗣同 / 067

影片档案 / 067

荣誉成就 / 068

影片史料 / 068

剧情故事 / 069

影评选粹 / 081

精彩回放 / 082

秋　瑾 / 084

影片档案 / 084

荣誉成就 / 085

影片史料 / 085

剧情故事 / 086

影评选粹 / 096

海　囚 / 099

影片档案 / 099

荣誉成就 / 100

影片史料 / 100

剧情故事 / 101

影评选粹 / 113

精彩回放 / 115

孙中山 / 116

影片档案 / 116

荣誉成就 / 117

影片史料 / 117

剧情故事 / 117

影评选粹 / 131
精彩回放 / 132

廖仲恺 / 133

影片档案 / 133
荣誉成就 / 134
影片史料 / 134
剧情故事 / 135
影评选粹 / 148
精彩回放 / 150

我的 1919 / 152

影片档案 / 152
荣誉成就 / 153
影片史料 / 153
剧情故事 / 154
影评选粹 / 167
精彩回放 / 168

甲午风云

　　整个甲午海战，大致分为三个阶段，而《甲午风云》所描写的，主要是中间阶段，即"黄海大战"。过去只知道这是中国历史上的一大"悲剧"，孰不知在这一战争中体现了中国人民的英雄气概，不畏强敌的光荣传统。

——李默然《邓世昌形象的创造》

影片档案

出品：长春电影制片厂
编剧：希　侬　叶　楠　陈　颖
　　　李雄飞　杜　梨
导演：林　农
摄影：王启民
主演：李默然　浦　克　王秋颖

荣誉成就

荣获第三届国产影片百花奖群众评选前三名故事片、编剧、导演、男演员、摄影、美工。

荣获第十二届菲格拉达福兹国际电影节评委奖。

影片史料

甲午战争

甲午战争,也称"第一次中日战争""中日甲午战争",是于1894—1895年发生的中日战争。日本为夺占朝鲜和发动侵略中国的战争,曾作了长期准备。1894年趁朝鲜政府请求清政府协助镇压东学党起义,出兵侵占朝鲜,7月突袭中国海军。8月1日,双方正式宣战。9月,日军经平壤战役控制了朝鲜全境,又经黄海海战掌握了黄海制海权。10月,日军分陆海两路进攻中国东北,占领九连城、安东(辽宁丹东),接着先后占领大连、旅顺、威海军港。次年3月,控制了辽东半岛。虽然中国人民和爱国官兵英勇作战,但因清政府腐败无能,最终战败。1895年4月17日,清政府与日本签订丧权辱国的《马关条约》。

黄海海战

黄海海战也称"大东沟之役",甲午战争中对日的著名战役。1894年7月,中日甲午战争爆发。9月16日,清北洋海军提督丁汝昌率舰队护送运兵轮船,在黄海大东沟登陆。17日晨返航时遭到日本舰队的袭击,丁汝昌下令应战。日本舰队利用中国主力舰队定远舰、镇远舰在前,即利用速率快、炮位多的优点绕向侧后进攻扬威舰等,并以首炮轰击定远舰、镇远舰两舰背面。广甲舰、济远舰

临阵撤离，其余的舰队奋力还击，重创日本的旗舰"松岛""赤城""比睿""京西丸"等。中国致远舰管带邓世昌、经远舰管带林永升督率士兵奋战被创，两舰沉没，少数官兵获救。是役接战5小时，以日本的舰队先撤离战区而告终。北洋舰队损失战舰6艘，死伤管带以下千余人；日舰5艘受重创，死伤舰长以下600余人。

邓世昌

邓世昌（1849—1894年），清末海军将领，字正卿，广东番禺人。福建船政学堂首届毕业生，擅长测量、驾驶。历任"海东云""振威""镇南""扬威"各舰管带。1887年（光绪十三年）被派赴英、德，为北洋舰队接收"致远"等四舰。后升副将加总兵衔，兼致远舰管带。次年擢总兵加提督衔。1889年补北洋舰队中军中营副将。1894年9月17日在中日黄海海战中，虽弹尽舰伤，仍下令猛撞敌舰吉野号，不幸被鱼雷击中，与舰上200余名官兵壮烈牺牲。

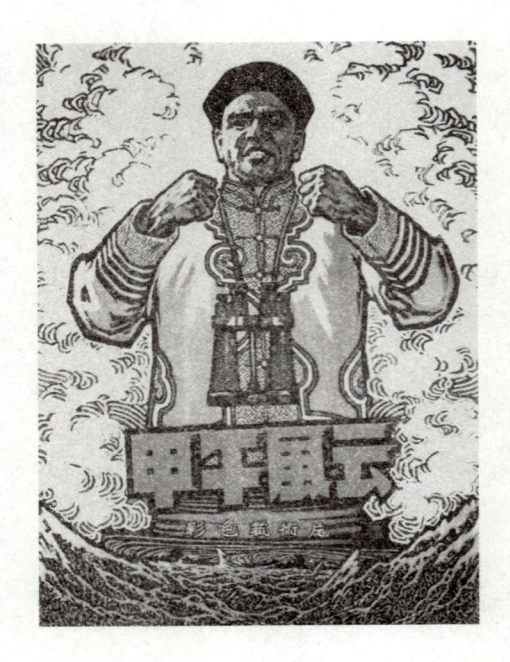

丁汝昌

丁汝昌（1836—1895年），清末广东丰顺人，字禹生，又作雨生。贡生出身。早年参加太平军，随程学启投降湘军。参加镇压捻军，累迁提督。1875年（光绪元年）被派赴英国购军舰，回国后统领北洋水师。1888年北洋舰队编成，任海军提督。1894年加尚书衔。中日甲午战争爆发，9月率北洋舰队护送运兵船赴朝鲜，回程中在大东沟海面遭日本舰队截击，发生黄海海战。接战受伤，仍坚持督战。后奉李鸿章命退守威海卫（今山东威海）。次年2月，日本海陆围攻威海卫，力战不胜，在刘公岛服毒自尽。

剧情故事

一

1894年（干支纪年为甲午年）7月，刘公岛北洋水师衙门的议事厅内，提督（舰队司令）丁汝昌、旗舰"定远"号管带刘步蟾、"致远"号管带邓世昌、"经远"号管带林永升等众北洋水师将领围立于海图桌四周。丁汝昌沉重地向大家说明："从目前的局势看来，日本人的野心是很明显的。"他指向地图上的一处地方又说道，"日本人的陆军在这里包围了我们的陆军，他们的海军也在海上为他们尽力寻找战机。明天我们的快船'济远''广乙'护送运兵的商船'高升'号去增援陆军。"

邓世昌迫不及待地站起来对丁汝昌说:"丁军门,目前只用两艘快船去护送运兵商船极为不妥。为了安全之计,依标下意思,我们北洋水师全队马上升火起锚前去接应……"没等他把话说完,刘步蟾就离座站了起来,不以为然地看了邓世昌一眼,然后向丁汝昌说道:"邓大人未免把局势看得过于严重了!目前日本与中国并未宣战。如果把北洋水师全队开出港口,反而会引起日本人开战,他们会说是我们挑起战争。再说全队出发不是小事情,中堂未必答应……"他故意停顿了一下,想以此来引起大家的注意。

这时候,英国的海军顾问骄傲地宣称"高升"号运兵船悬挂英国国旗,日本军舰不敢贸然攻击。美国顾问更是夸下海口,说如果日本不顾国际法的规定敢于挑起战争的话,美国政府一定会主持公道。邓世昌忧虑地说道:"日本蓄谋已久地想挑起战争,如果不采取防范措施,很可能会贻误战机。"这时"经远"号管带林永升站起来也赞同邓世昌的建议。然而刘步蟾仍然以李中堂大人知道了会怪罪为由,拒绝了邓世昌提出的出海护卫"高升"号运兵船的计划。

听了邓世昌的一番言论后,丁汝昌对刘步蟾说:"步蟾,我们不能看着'济远''广乙'有失。尤其是'济远',它是铁甲快船,如有不测,中堂会怪罪你我。"于是他站起来向船员下命令道:"目前时间紧迫,请诸位马上回船生火,等候起锚的命令。"

刘公岛港湾水域,各舰烟囱冒着浓烟,前桅上的三色管带旗唰唰作响。舰队生火待发。邓世昌在大副陈金揆的陪同下巡视战备。老水手紧握着锚机操纵杆待命起锚。

就在这时,舰队收到了军门打出的"熄火"旗号。邓世昌匆匆穿过提督衙门大厅,快步走入提督签押房。他忘了礼节,也没有等丁汝昌询问就说明了自己的来意。丁汝昌没有回应,而是从案上取了一份电报递给邓世昌,示意让他看。

邓世昌看完电报抬起头来，他那拿电报的手微微颤抖着。电报上署有"直隶总督兼北洋通商大臣李鸿章"字样，上面再三强调不准出海，并且表示违反军令者以军法处置。邓世昌气愤地大声说："李中堂断送了'济远''广乙'。"看到事情没有转机，邓世昌欲哭无泪，任电报从自己手中滑落。

二

日本军曹挥动指挥刀，高昂的炮口喷出火舌，炮管向后微微晃动，炮口飘散着硝烟，炮弹在海面激起高大的水柱。在水柱包围中有急驶的中国运兵船队——"济远""广乙"和"高升"。"吉野"号舰桥上伊东佑亨指着中国船队，命令"浪速"号攻击"广乙"号，"秋津州"号攻击"高升"号，他们的旗舰进攻"济远"号，并且一定要打沉它们。日本军舰转向，各自扑向目标。

"济远"号舷侧激起高大的水柱，海水直溅到后甲板上。水手们的脸上沾满了海水。炮手和李世茂不时地回头向舰桥张望，等待管带方伯谦下达炮击命令。但是过了许久没有听见任何一个官员应答。王国成感到纳闷，于是他从扶梯跃上舰桥，直接走到了"济远"号的指挥室，向管带方伯谦跪着大声报告："后炮准备好了，方大人！您下命令，我们开炮！我们能打沉它。"

方伯谦恐惧地看着"广乙"号上腾起熊熊大火，于是向王国成挥挥手："王国成，'广乙'起火了。快！快挂白旗！"

王国成站起来，头也不回地转身奔下舰桥。他气愤地从腰里抽出匕首砍断了方伯谦悬挂起的白旗，一把将其扔到海里，任其随着海浪漂泊。然后他站在扶梯上振臂高呼："弟兄们！当官的怕死，咱们可是好汉，咱们打！"他不顾私自开炮会受到砍头处罚的危险，毅然决定抗击日本军舰的炮火攻击。李世茂抱着一发炮弹，迅速送入炮膛。王国成猛地关上炮栓，紧拉拉火索，大声喊道："鬼子！

看炮！"

一声巨响过后，"吉野"号后舱中弹起火，日本水兵一片慌乱。站在"吉野"号舰桥上的伊东佑亨惊叫一声跌倒在地。少佐舰长扶住跌倒的伊东佑亨，伊东佑亨强挣扎着挺起身子下令撤退。

另一方面，日本战舰"秋津州"号正在向'高升'号抵近炮击，"高升"号腾起浓烟。这时，被鱼雷击中的"高升"号开始下沉，但是士兵们仍在用步枪射击。甲板淹没了，舰桥上的士兵继续射击，桅杆上剩下最后一个士兵，仍旧在射击。桅杆渐渐消失在波涛里，水面有一支枪刺闪着银光……

战后，卑鄙无耻的方伯谦冒领军功。为了达到独吞朝廷奖赏的两千两银子的目的，他告诉王国成朝廷因为他私自开炮而要问罪，还告诉王国成因为他的父亲曾经参加过太平军，这会导致罪上加罪。他还假惺惺地给了王国成二十两银子，想用钱打发王国成离开。王国成不堪受辱，一气之下，离开了"济远"号战舰。

同僚李世茂非常同情王国成的悲惨遭遇。他好心地将无处可去的王国成安排到自己的家里，让他和父亲妹妹一起捕鱼。"羁鸟恋旧林，池鱼思故渊。"安逸的捕鱼生活怎么能容下王国成那颗曾经拥抱过大海的壮志雄心？细心的李世英（李世茂的妹妹）看出了他的烦恼，鼓励他去投奔邓世昌大人。她对王国成说邓世昌大人英勇无敌，连日本人都给他敬礼。李大爷（李世茂的父亲）也鼓励他去继续为自己的事业而奋斗。于是，在李家父女的帮助和鼓励下，王国成去投奔"致远"号管带邓世昌了。

"致远"号管带官舱里，王国成站在邓世昌面前诉说着整个事情的经过。邓世昌怒容满面地来回踱着步，舱内空气好像凝结了。但是当王国成恳求邓世昌收留下自己的时候，邓世昌却有些犹豫，因为按照北洋水师的规定，接受被除名的水军士兵是要受处罚的。王国成在地板上跪下央求道："邓大人您就收下我吧。威海的百姓们都说要是让鬼子打进来，不光是霸占了我们的土地，百姓还得当牛当马一辈子不能翻身。"深受感动的邓世昌一把扶起王国成，吩咐水手带王国成去换"致远"的号衣。王国成高兴地谢过邓世昌之后，就立即去后舱换上了"致远"的军服。

三

威海百姓不甘忍受日本海军的军事威胁，恳请邓世昌向朝廷上一道万民折，请求批准与日本开战。于是邓世昌带着万民折赶到了天津。当时，李鸿章正在宴请各国列强，他仍然寄希望于这些人的中间调停。在二堂的邓世昌看着里面的觥筹交错，耳边听着安逸之声，顿时感到非常气愤。他愤愤地扭转身，一不小心带翻了果盘。李鸿章听到之后非常生气，将邓世昌传唤到客厅。邓世昌义正词严地驳斥了美国外交官罗皮尔颠倒黑白的诡辩。他怒斥罗皮尔所说的北洋舰队首先进攻日本舰队的错误言论，引起了外国列强们的不满。恼羞成怒的外国列强纷纷离席而去。

李鸿章端坐在太师椅上，满面怒容地质问丁汝昌："你们不在威海带领兵船，到天津有什么事呀？"

丁汝昌仰面跪禀："禀告中堂，如今大敌当前，北洋水师官兵托门生面呈这份破敌条陈……"说到这里，邓世昌急忙递上威海百姓请战日本的万民折。

"什么？"李鸿章勃然大怒地站了起来，"你这是煽动百姓，这是谋反！"

邓世昌倔强地说："中堂！百姓为的是保住大清江山。"

李鸿章拍桌子："放肆！"

书斋内一瞬间变得异常寂静。李鸿章冷冷地说道："你们哪里懂得洋务外交！日本人无故向我挑衅，列国自有公论，必然会群起干涉。如今是以夷治夷，才能保持和局！"

邓世昌向前走了一步:"中堂,恕标下直言,您还看不到吗?那些外国公使有一点诚意吗?他们除了一些虚假的外交辞令,就是袒护日本,指责我们。说什么我们保卫自己的江山是轻举妄动,说什么这次战役是我们引起的。如果按美国公使的建议,不是要束缚住我们的手脚,任人宰割吗?中堂!这是阴谋!目前我们首要之务:厉兵秣马,奋起御敌。这是北洋水师全体官兵的意愿,也是全国民意……"

李鸿章身子微微战栗,依然没转过身:"不要讲了!来人!"

众亲兵大声应:"喏!"

一直站在一旁听着的丁汝昌急忙下跪,请求道:"启禀中堂,世昌抗敌心切,语多冒犯,请中堂念他为朝廷的忠心。另该员战功卓著,才能过人……门生愿以顶戴花翎担保。"

这时皇上的圣旨和太后的懿旨先后到来,诏令李鸿章检阅北洋水师,准备迎接倭寇的挑战。丁汝昌喟叹圣旨来得太晚,可惜了"高升"号运兵船上的陆军士兵丧生倭寇之手。

回到港口的邓世昌闭门不出,想着怎样才能将万民折递交给中堂大人。经过几日思考,邓世昌下定决心,并告诉手下官兵与百姓要趁着中堂大人来检阅水师的时候再次请战,报国护民。大家被邓世昌甘冒杀头危险为民请战的精神所感动。

这天早上,李大爷和李世英机智地捉住了一个密探,并将其交给"致远"号军舰官兵。在审讯过程中,邓世昌发现这个人竟然是日本人。他就是美国外交官罗皮尔,他身上带有一张威海的布防图。原来,他是日本的间谍,这次的任务就是将威海的布防调查清楚,以便于日本作战。邓世昌感觉到问题非常严重,他意识到日本人已经有行动了。他命令将罗皮尔收押,准备趁李鸿章检阅水师的时候一起上报。

第二天,李鸿章在左右的簇拥下,在旗舰"定远"号上检阅水师。

首先进行的是阵法操练。即每一条船按照规定的队列驶过李鸿章的座船，并按例鸣炮以表示对中堂大人致敬。前面军舰的阵法操练都没有问题，但是当"致远"号驶过李鸿章坐镇的"定远"号舰首时并没有鸣炮，而是哑然而过。李鸿章马上沉下了脸，官员们惊愕地望着丁汝昌。丁汝昌目瞪口呆，不知道如何回答。

"致远"舰上，大家更是一头雾水，因为平时根本没有出现过这种情况。最终经过检查发现原来是弹药有问题，本来应该是填满火药的炮弹里却填充了沙子。在接下来的单船打靶演练中，按照邓世昌的要求，重新换上弹药的"致远"舰如虎添翼，百发百中。这让丁汝昌终于略微宽了心。

演练结束之后，李鸿章对于"致远"军演非常满意，并且赏银两千两给"致远"全舰官兵。这时刘步蟾和方伯谦以邓世昌在阵法操练中没有鸣炮是对中堂大人的蔑视为由，要求对邓世昌治罪。于是邓世昌将事情的缘由详细地向李鸿章陈述了一遍。李鸿章非常震怒，命令随行的军械局总办张士珩严查此事。

紧接着，邓世昌将抓到日本间谍罗皮尔一事上报李鸿章。由于罗皮尔已经加入美国国籍，所以美国顾问横加阻拦对于罗皮尔的惩处。李鸿章为了不得罪美国政府，不顾丁汝昌和邓世昌的再三劝阻，将罗皮尔交给美国大使馆进行处理。不甘心的刘步蟾又诬告邓世昌的这些举动是哗众取宠，沽名钓誉。李鸿章听后大怒，下令夺去邓世昌的顶戴花翎，并将其逐出大厅。丁汝昌上奏李鸿章说邓世昌是用兵使船的好手，希望给邓世昌一次机会，让其戴罪立功，以观后效。他愿意用自己的顶戴花翎保邓世昌，林永升和其他海军将领也都愿意保邓世昌。但是李鸿章不为所动，他怒斥邓世昌不识抬举，表示绝不能姑息养奸，贻误战机，并严厉地告诉大家以后谁若再言与日开战，格杀勿论。

没有海军卫护的威海受到日军肆无忌惮的攻击。日本军舰到处攻击渔民，李世英不幸被炮火击中身亡，李大爷悲愤地怒斥清政府安的什么心。乡亲们和水兵一致请求邓世昌抗击侵略者。

四

北京养心殿内，慈禧太后颤巍巍地站起来，太监马上走上去扶她。她大声说道："今天王爷、大臣都在这儿，都知道这是为了社稷江山，出于不得已而宣战。如今是皇上亲政，让他下一道宣战诏书就是了！"其实，朝廷表面上宣战，实质上是希望求和。慈禧太后在廷议过后，单独将李鸿章留了下来，并且授意李鸿章尽量避免与日方发生军事冲突，密令他做好与日方谈判的准备。

由于此时全国一片主战声调，李鸿章决定启用主战派的邓世昌，以掩人耳目。威海人民给邓世昌送来物资为其壮行，李大爷和乡亲们更是送来一块书写着"保国卫民"的牌匾。邓世昌深受感动。

被释放的罗皮尔从收买的电报员那里得到李鸿章发给丁汝昌的密电，从而得知清政府软弱无能，避免和日军舰开战的信息。

"定远"号舰桥上，各舰管带陆续到齐，都在向海面眺望。方伯谦在望远镜里隐约地看到驶来的各舰均悬美国旗。他放下望远镜，如释重负地告诉大家这是一艘美国军舰，并且得意地说由于美国是中立国，所以不用担心。但是经过邓世昌的仔细辨认，发现这是一艘悬挂着美国国旗的日本军舰——"吉野"号。

大家坐在"定远"号议事厅里，商量着应对办法。最终丁汝昌决定按照邓世昌制订的作战计划实施。北洋舰队各舰按照计划起锚，鱼贯而行。由于刘步蟾故意挂错信号旗，并且下令减速前进，致使北洋舰队组成了一个不整齐的横队：两翼超前，正中的指挥舰——旗舰反而落后了。

伊东佑亨看到北洋舰队旗舰落后，觉得有机可乘，于是下令向旗舰"定远"号猛烈开炮射击。"定远"号舰桥中弹，桅杆被炸断，五色帅旗坠落。舰桥上笼罩着烟雾，丁汝昌受伤跌倒。"定远"号受到严重攻击，总指挥受伤，舰队一下子处于群龙无首的状态，情况十分危急。

　　老水手向邓世昌禀报"定远"上的帅旗被打掉了。邓世昌当机立断，命令陈金揆挂上帅旗。他决定让"致远"代替旗舰，指挥全舰队继续战斗。

　　这时，发现情况变化的伊东佑亨急忙调派两艘日本巡洋舰成纵队迂回，截"致远"号于北洋舰队队列之外。日本各舰炮口齐转，对"致远"号开炮。

　　站在"致远"号舰桥上的邓世昌看到日本舰队的企图，指示陈金揆挂信号旗命令"经远""济远"向"致远"靠近，向"吉野"炮击。日本各舰向"致远"猛烈炮击，"致远"周围激起无数水柱。

　　"经远"号军舰在林永升的带领下勇敢地冲出包围圈，按照邓世昌的命令向"致远"号驶来。而此时的"济远"却在旋回，准备离开战场。原来，贪生怕死的方伯谦自打明白是日本人后，就准备逃离战场。舰桥上，舵手跑上去把着舵轮，哀求地说："大人！我们还是不能走，这对不起祖先，对不起流血的弟兄呀！"方伯谦拔出手枪对着舵手。舵手紧握着舵轮，看着海面，断然说："你打死我吧！弟兄们不会答应你的！"方伯谦扣动扳机，舵手中弹跪下，可是他的两只手还紧紧地把着舵轮。方伯谦厌恶地踢了舵手一脚，舵手倒在舱板上。方伯谦上前抓住舵轮。

　　李世茂和几个水手拥上舰桥。李世茂看到舵手倒下，跑过去扶他坐了起来。舵手已经奄奄一息了，他微睁两眼断断续续地说："弟兄们！他又要跑……不能跑……"没等说完，就永远地闭上了眼睛。

　　李世茂轻轻地把舵手平放在舱板上，站了起来，怒目注视着方伯谦。李世茂向前走一步，左手猛抓住方伯谦持枪的手，右手将刀刺入方伯谦的胸口。

此时,"致远"号和"经远"号并肩航行着,冒着密集的炮火劈开汹涌的波浪,紧逼"吉野"号。在"致远"号的顽强攻势下,"吉野"号舰桥被炮弹击中。"吉野"号损失惨重,不得不撤出战斗。但是在撤退前,伊东佑亨为了解恨,命令各舰围攻"经远"号。日本舰队像发了疯似的向"经远"号战舰开炮射击。

"经远"号舰桥上,林永升右手系着绷带,仍沉着指挥。他看着驶来的日舰,命令舵手一定要和"致远"保持队形。炮弹在"经远"号周围倾泻,甲板起火,炮手们仍在还击。一声猛烈的爆炸声响了起来。"经远"发生巨大震动,舰体突然下沉。原来他们的弹药库被敌人打着了。

林永升昂首望着混战中的"致远"下最后一个命令:"向'致远'升最后一次信号旗,告诉邓大人'奋勇杀敌,宁死不屈'!"

舰体渐渐沉没了,挂信号旗的桅杆挺立在海上。这是爱国志士共同的誓言,虽然它在下沉,终将沉没,但是,誓言刻在人们的心底,是海浪永远也冲不掉的。

邓世昌遥望着沉没的"经远"号,两眼饱含着泪水。

五

一颗炮弹飞来,桅杆上部折断,帅旗坠落。老水手拿着五色帅旗迅速爬上桅杆,挂旗环已经掉了,他用右手举着旗子,帅旗迎风招展。一颗炮弹在甲板上爆炸,碎弹片擦伤了他的额头,他一阵晕眩。他克制着疼痛,仍然一手紧抱着桅杆,帅旗依然在飘扬。

经过激烈的战斗,战舰上的炮弹打尽了。邓世昌凝视着烟雾滚滚的海面上骄横飞驶的日本军舰,断然说:"没有炮弹我们还有人!还有军舰!我们撞击'吉野'!"邓世昌两拳对击,比拟了一个撞击的手势。陈金揆会意,挺直了身躯。

"吉野"号舰桥上,少佐舰长向伊东佑亨报告:"司令长官,看样子,'致远'没炮弹了。"

伊东佑亨狂喜:"挂信号旗,叫邓世昌投降!"

"致远"号舰桥上,邓世昌冷笑着说:"挂信号旗,告诉伊东佑亨,叫他等着邓世昌!"他飞步走下舰桥。

"致远"号舰前甲板上,水手们列队站着,邓世昌从他们面前慢慢走过,关切地看着每一个水手。水手们的衣服被炮火烧焦了,被战友的血染红了,他们屹立在邓世昌面前,以信赖的目光看着邓世昌,看着敬爱的管带,等待着最后的战斗命令。

邓世昌走到大炮一侧,一只手撑在炮身上,沉痛地说:"弟兄们!炮弹没有了,我们的兵船还要进行最后一次战斗。我们去撞'吉野'!"

邓世昌下命令:"开最快车!"

车钟手应:"是!"

邓世昌命令舵手:"右舵,对准'吉野'!"

"是!对准'吉野'!"舵手向右转舵。

邓世昌想了想,伸手拿过舵轮说:"给我吧!"

舵手让开站在一旁。邓世昌两手握着舵轮,两眼盯着"吉野",不时轻微地向左右转舵,调整舵角。

"致远"号倾斜着飞驶,炮弹在四周爆炸,但它勇往直前,向日本旗舰"吉野"号冲去。甲板上尽是火焰,"致远"号宛如一条火龙,在炮弹溅起的水柱林中,在烟雾弥漫的波涛里飞腾,没有任何力量能够挡得住它,没有谁能够挡得住中国水兵誓死不屈的意志。

"吉野"号上,日本水兵疯狂地在甲板上奔跑,几个水兵大叫着跳水,甚至有的水兵为了抢夺救生圈而大打出手。伊东佑亨被"致远"号的英勇无畏所慑服,他恐惧地下命令用最高速转舵,准备逃跑,然而这时少佐舰长慌张地报告司令长官说已经来不及了。

"致远"号舰的水手们立在甲板上,互相依偎着,平举着枪——

他们在英勇地赴死！王国成袒胸持枪，破碎的号衣迎风抖动。水兵们肩并着肩，昂首怒视敌舰。桅杆上老水手脸上的血已经凝结了，帅旗依然在他手中飘扬，他睁着常年经受海风吹打的眼睛，要看着"吉野"粉碎。

在舰桥上，邓世昌两眼盯着"吉野"号，全神贯注地操纵着舵轮。烟雾扑着他的脸，他正在率领士兵走完这海上，也是他们一生最后的航程——光辉的航程。

日军指挥官在最后的关头仍然不停地下命令发射鱼雷，邓世昌凭借着精湛的技术，一次次地避开了日舰发射的鱼雷。突然，水面一条白色的鱼雷航迹奔向"致远"号，猛烈爆炸。

汹涌的波浪翻滚着，拍打着远处的岩石，远处传来雄壮的海啸声是英雄们的赞歌。海面上一阵阵浪花拍打着岩石，无声地为英雄们记录着不屈的抗争史。

影评选粹

保国卫民·凝练明快·惊险曲折

《甲午风云》是一部以1894年中日甲午战争为背景的历史故事片。影片不仅暴露了清政府的黑暗，更是颂扬了邓世昌等爱国官兵及其崇高品质。他们在甲午战争中浴血奋战，不辱使命，向日本侵略者展示了中华男儿的铜胆铁骨。

影片中最突出的是主战派和人民群众为一方同帝国主义的走狗投降派为一方的矛盾斗争。通过对这些矛盾的深入刻画，帮助观众把握住这一历史事件的本质的、基本的方面，没有为芜杂纷繁的历史现象所困惑。影片中邓世昌和人民群众的这条主导线索鲜明突出。他们活动于其中的历史背景和社会环境也相当广阔。影片以点带面，选取典型人物和典型场面，将场面宏大化。

影片中的矛盾冲突的焦点总是集中在主角邓世昌身上，通过对天津请战、威海阅兵的描写，我们听到了他抗击帝国主义入侵的决心。他遭受贬斥后弹奏琵琶曲《十面埋伏》，令我们感受到了他有志难申的悲愤心情。特别是影片结尾，大东沟海战中，他一甩发辫誓死撞沉敌舰的英雄气概和以死报国的高尚气节，更使我们窥见了他那颗爱国、爱民的耿耿丹心。

《甲午风云》在艺术构思上明显的优点就是凝练、明快、悲壮，情节惊险曲折。编导者善于渲染战争气氛，如用滚滚浓烟、熊熊烈火、高亢激越的音乐和特技效果来烘托海战场面十分成功。甲午战争是我国近代史上悲壮的一页。影片通过精心构思，以鲜明的观点谱写了一曲爱国主义的颂歌，充分显示了编导者驾驭题材、处理题材的思想和艺术功底非常雄厚。

精彩回放

影片中邓世昌在营帐内弹奏《十面埋伏》的这场戏，寓意深邃，手法新颖。编导通过将声音、画面巧妙地结合，营造出了一种只有电影才能做到的环境空间。随着悲壮、激越而又荡气回肠的《十面埋伏》从邓世昌的指尖潺潺流出，画面不断地变化，叠印出邓世昌指挥军舰向敌人开炮的战斗场面，淋漓酣畅地揭示了邓世昌的内心世界。

邓世昌在屋子里弹奏琵琶曲《十面埋伏》的这一片段中，导演使用写实的手法，以深刻的音乐语言和演奏技巧，为我们描绘了一幅壮丽的海上战斗的全过程。邓世昌指挥着军舰向敌人开炮是一幅绘声绘色的战场音画。虽然这都是邓世昌自己幻想的场景，但是导演通过震撼的画面将这一雄伟的英雄诗篇一页一页地掀开，用琵琶清丽圆润的声响，含着泪，淌着血，悲壮地、如泣如诉地弹奏出一节节短歌。

鸦片战争

鸦片泛滥,已成天朝心腹大患。臣以为,如再犹疑不决,不需十年,大清朝便内无银两,外无兵防。洋人不费一枪一弹,就可使我亡国灭种……

——林则徐呈道光皇帝的奏折

影片档案

出品:峨眉电影制片厂

编剧:朱苏进　倪　震　宗福先
　　　麦天枢

导演:谢　晋

摄影:侯　咏

剪辑:胡大为

艺术指导:李　行

主演:鲍国安　苏　民　林连昆

荣誉成就

这是中国电影界为纪念香港回归而制作的一部献礼片。导演谢晋精心组织力量进行创作，单是剧本就前后十易其稿，历时一年有余。这部历史巨片可谓大投入、大制作，投资高达一亿多人民币，创下当时国内电影投资的纪录。为此，还专门成立了"四川《鸦片战争》影视制作有限责任公司"，谢晋出任公司的董事长和法人代表。

1997年6月9日，影片在北京人民大会堂举行首映式；6月11日，在香港会议展览中心剧院举行首映式；10月25日在台湾公映，为台湾地区购买祖国大陆影片发行权开创了先例。

这部影片先后荣获第十七届中国电影金鸡奖最佳故事片奖、最佳摄影奖、最佳录音奖、最佳道具设计奖、最佳男配角奖，第四届中国电影华表奖优秀故事片奖，1997年中宣部"五个一工程"奖，第二十一届《大众电影》百花奖最佳故事片奖，以及1997年蒙特利尔世界电影节"美洲特别大奖"等。

影片史料

鸦片战争

鸦片战争，是1840至1842年间，英国对中国发动的侵略战争。

从18世纪末期开始，英国开始向中国输出大量鸦片。1838年达到4万余箱。烟毒泛滥，引起中国白银外流，银价飞涨，财政困难。1838年，道光帝派林则徐为钦差大臣赴广东查禁鸦片。林则徐到广州后，从6月3日到25日在虎门海滩当众销毁鸦片237万余斤，多次击退英军挑衅。1840年6月，英国在美、法两国的支持下发动了侵华战争。因广州和厦门的防守严密，英军转攻浙江，占领了定海（今舟山），又犯北沽，并以此要挟清政府谈判。

道光帝派琦善到广州议和，将林则徐和邓廷桢革职。

　　1841年，英军趁琦善撤除防备，又突然攻占了沙角和大角炮台。英国单方宣布《穿鼻草约》成立，强占香港，勒索赔款。道光帝下诏对英宣战，并派奕山率军赴广州作战。2月，英军攻陷虎门，提督关天培英勇殉国。5月，奕山战败求和，签订了《广州和约》。1842年3月至8月，中国先后战败，随即签订了丧权辱国的《南京条约》。从此，中国逐步沦为半殖民地半封建社会。

剧情故事

　　只有当一个民族真正站起来的时候，才能正视和反思她曾经屈辱的历史。

一

　　道光年间，英商每年从印度输入中国的鸦片达1800吨，清政府每年流失白银3000万两，而当时年财政收入仅4000万两白银。

受到致命威胁的道光帝，被迫于1838年6月下诏，在全国大臣中展开一场严禁鸦片的大论战。

大雨倾盆，烛光中的军机处签押房内十余位军机章京正屏息伏案，抄写奏稿。章京们陆续将抄毕的奏稿奉上。兵部用快马将奏稿送向各个总督府……

养心殿东暖阁内，道光盘坐在毡垫上，阅读各地督抚的回奏。当看到林则徐的奏折时，蓦然双目生光：

> 鸦片泛滥，已成天朝心腹大患。臣以为，如再犹疑不决，不需十年，大清朝便内无银两，外无兵防。洋人不费一枪一弹，就可使我亡国灭种……

道光扔开奏折跳下炕，犹带恨意地对跪在地上的太监厉声道："传湖广总督林则徐来京。"

林则徐走进房师吕子方宅内时，吕子方正如痴如醉地吸着大烟。林则徐见此，从怀中掏出一只红木盒，双手奉上，并说："这是洞庭湖底一枚千年水胆，听说服用后能立断鸦片烟瘾。"

吕子方感动地接过，长叹一声："惭愧，惭愧啊。少穆啊，老朽知烟毒害人，可就是戒不掉它……少穆，可知皇上为何传你进京？"

林则徐毕恭毕敬地答道："正要请恩师指教。学生想，恐怕是为了厉禁鸦片。"

吕子方说道："鸦片迷人心性，毒害苍生，很是凶险，但要厉禁鸦片，只怕更加凶险……"

对于老师的话，林则徐也深表认同。吕子方有些担忧地继续说道："皇上召见你时，你要留下退身之地。如今，外有海关受贿，内有权臣贪赃，再加上圣意多变，禁烟实在是困难重重，你切不可贸然应命啊。"

林则徐作了一个长揖，诚恳应道："学生牢记恩师教诲。"

清晨，林则徐穿过紫禁城宫门，直奔天廷。进入勤政殿内，林则徐上前跪在毡垫上，重重叩首。

道光声音如从空中降下："林则徐，你是朝廷重臣，如今鸦片泛滥，你有何策？"

林则徐应道："臣以为，只要皇上发出严旨，内阁立法，边关厉行，鸦片必能灭绝。"

道光像是有些质疑，确认道："哦，会有这般容易？"

林则徐肯定道："天威所至，四海清平！"

道光沉默片刻，像是下定了决心，说道："既然你如此自信，朕希望你能担此重任，前往广东扫清鸦片。"

林则徐想到恩师之前的提醒，便称身体有疾，不适担此大任。

道光心知他心中所想，直言不讳道："林则徐，你病因有三。其一，你怕朕与你重任却不授你大权，使你左右受制；其二，你怕朝中大臣暗中非难，禁烟半途而废；其三，你更怕朕性情多变，朝令夕改，祸福难测。以上三者，是也不是？"

林则徐叩首不起，无言以对。道光冷眼一扫，两个太监推开道光身后的雕花窗棂。道光徐徐开口："朕再让你看一剂药方。"

只见殿外雪地上，吕子方被绳索捆绑着，跪在雪中，四个带刀侍卫环立。对吕子方情意深重的道光将吕子方封门罢官，交刑部严办，以激励林则徐禁烟，证明自己禁烟的决心。

道光命令道："朕特命你为钦差大臣，前去广东扫平烟祸。该省督抚、绿营、旗勇、水师，尽归你节制！"

林则徐坚定地回道："臣接旨。"

就此，林则徐轻车简从，前往广州禁烟。

二

广州港珠江江面上，停留着许许多多的西方货船。其中，一艘名为"金枪鱼"的商船渐渐靠岸。船舱内，一个名叫何善之的青年，刚换上清朝民间服装，正将一顶带有假辫子的瓜皮缎帽戴到头上，准备下船回家。这时，一艘广东水师官船驶来，船上一杆两广军门的官旗迎风招展。

官船与商船接舷，水师总兵韩肇庆登上舷梯。英国鸦片商人颠地与船长怀特迎上前。颠地用生硬的汉语说道："您好！韩大人。"

站在一旁的怀特也开口道："阁下，本船已全部开舱，等候您验货。"

水手们迅速开启几个大木箱，均是布匹毛料。再打开几个木箱，也是如此。

韩肇庆看了两眼，就将广州海关大印重重地盖在查验清单上。大印移开时，"准予入关"四字鲜红悦目。

"金枪鱼"号内舱，韩总兵悄声对颠地说道："钦差大臣即将到达广州，你们务必严守法令，处处小心！"

颠地领会了韩总兵的警告，恭敬地向他鞠躬。

在两广总督府的书房内，邓廷桢、怡良和关天培几人围聚在一起正商量着事情。怡良接过一张谕帖，上面写着：

　　速将烟犯宋老金、于安国、刘四勇、方平山、吴少同等拿获。查证确凿后，当众正法……

"此举乃敲山震虎，用心良苦哇。"邓廷桢低声叹道，接着便对手下人命令道，"传命韩肇庆，调集兵勇，明夜查抄全城烟馆，捉拿人犯，当众正法。我要林则徐进广州城时，看不见一家烟馆。"

此时，之前在"金枪鱼"号上的青年何善之已经回到家——广州怡和商行何敬容府。何善之的父亲何敬容与英国商人颠地有生意往来，算是生意上的朋友。这一日，何府准备大设宴席，招待颠地与广州其他几家商行的人。

何府在正厅和花园设宴，热闹非凡。广州众行商与洋商们一边听着曲儿，一边推杯换盏。吃喝的时候，商人们总不忘谈到生意事，某行商说道："那林则徐在京城，皇上八天里就召见了他八次！"

颠地有些吃惊，但还是不甚在意，说道："那我们就送他八倍的银子。"

"就怕林大人他不会收。"何敬容叹气道。

然而，他们不知道的是，林则徐已经开始他的禁烟行动。在这天夜里，何家公子何善之被不明身份的人绑走了。

第二日，邓廷桢率广州文武官员站在珠江天字码头，恭候钦差大人林则徐的到来。谁知，等候多时，只等来了双手捧着黄绢包裹的钦差关防林升。原来，船过北关后，林则徐便弃船登岸了。

听到这个消息，怡良、关天培都怔住了。邓廷桢看向关天培，说道："仿佛昨日，还听说林则徐刚过南昌府……"

怡良猜测道："我想，林则徐定在城中探访。"

这时，林则徐与侍卫刚登上天澜阁的顶楼，临窗而坐。从窗户向外望去，可以看到珠江和洋行。林则徐向洋商馆前的广场上望去，在那里，正有三个犯人被推到三副绞架下，其中一个就是之前被绑走的何善之。

负责监刑的韩肇庆厉声宣布道："奉钦差大人林则徐令，将宋老金、于安国等烟犯当众处绞！"说话间，行刑兵勇已将黑布套罩上了宋老金的头，再将绞索套上他脖子。何善之见此惊骇万分，用英语大喊"救命"。民众见他竟说英语，顿时骚动，不少人大骂道："汉奸！杀死汉奸！"

要问何善之为什么突然用英语呼救，是因为他看到了站在商行窗前的颠地。但颠地却装作什么也没有听见，倒是他十四岁的女儿玛丽挺身而出，冲到韩总兵面前，用英语说道："何是我的朋友，快放开他……"

正在观看的民众看到外国人出来，一片哗然，顿时刑场大乱。

而林则徐安然坐在茶楼中，饮茶观望，嘴角露出浅浅的微笑。

这时，两广总督邓廷桢和怡良、关天培赶到了茶楼。林则徐指着窗外，说道："让他们暂停行刑，明日将何公子押来见我。"

次日清晨，何善之跪在林则徐面前。林则徐欲擒故纵，先将其罪行严重性告诉他，再平和地说："念你年幼无知，本堂有意让你将功折罪。目前，本堂正是用人之际，需要一个熟悉洋务的人担当通事……"

何善之急忙道："小人性命都是大人赏的，小人愿效犬马之劳。"

两广总督府正堂上，何敬容等行商俯首跪着。林则徐严厉地揭露他们的罪行，并令何敬容传谕洋行，告知颠地等速要将全部鸦片尽行缴送，不准藏留一分一毫。

颠地等英国鸦片商人当然不会轻易听从林则徐的命令，在他们看来，林则徐的行为是阻断他们的财路。鸦片商人们纷纷表示不满。

何善之将商人们的意见转达，林则徐内心怒极，暗自盘算怎样对付洋人。

凌晨，洋商馆外被官兵围得水泄不通。颠地从二楼向下看，看到成群的官兵，惊恐万分。

接连几日的围困，商人们终于将鸦片全数交给了清廷，并撤离广州城，蛰伏于出海口。

成功收缴鸦片的消息传到了北京道光皇帝的耳中。道光一扫前日心中的阴霾，意气风发地向众臣宣布道："传旨林则徐，将全部鸦片当众销毁，使中外百姓有目共睹，使四海蛮夷拜服天朝……"

1889年6月3日，虎门海滩上，鸦片箱堆积如山。清军旗在上面高扬。绿营水师，持枪立戟，一列列排开。四方百姓如潮涌至。林则徐身着全套朝服，踏红地毯登上高高祭台，面对大海焚香三拜，回身喝令："销烟！"

只见，无数鸦片球掉入销烟池中慢慢化开，犹如浓墨。顿时，

浊烟腾空，直上九霄，数万箱鸦片消失于滚滚石灰水中。

三

浓雾弥漫的英国伦敦郊区，外交大臣巴麦尊府客厅，英国各商会的代表正在商谈怎样保护自己在广州的利益。有人提出了用武力来解决的方法。这个意见很快传到了英国议会那里，首相梅尔很快召集内阁大臣商讨是否因鸦片生意向中国出兵。

伦敦议会大厅内，众议员纷纷慷慨致辞，深入分析中英和与战的利弊。双方不相上下的争论把整个会场搞得一片混乱。这时，作为商人代表的颠地走向讲台："我们被驱逐出广州。没有饮水，没有食品，没有医药。但是，美丽的条顿旗还在桅杆顶上飘扬！我们还在坚持，一直到你们做出决定。"

奸猾的颠地用自己的精彩演技向议会描述英国商人在中国所遭受的"不公平待遇"。许多议员都被其虚假的说辞所感动。最终，议会以271票赞成，262票反对，通过对华战争拨款。

虎门炮台上，清军们在林则徐的指导下紧张有序地备战。林则徐站在护墙尽头，眺望海面，数艘英船还在出海口漂泊。他暗暗思忖：英人既不肯降，又不肯退，大海茫茫，如此苦守，到底想干什么？来自英国的危险气息，已经飘过大洋到达了中国。

1840年6月，英远征军总司令、特命全权驻华总督乔治·义律率舰队抵达中国。

珠海口炮台上，清兵严阵以待。关天培面容沉重地巡查，不时朝海面眺望。只见，狡猾的英舰队起锚，扬帆北去。众人以为洋人逃走了，一阵欢呼。林则徐听到后疾呼："洋人并非退逃，定是北上京津去了！千里海疆，只有广州可与英舰一战。北面的厦门、舟山、定海各炮台徒有虚名。英人此去，如入无人之境。他们要是触犯天廷，惊扰圣躬，林则徐死罪也。"

浙江海面，舟山海滩阴晦，百姓们纷纷奔逃。远处海面上，英舰已排开战阵，炮口直指内陆。

英旗舰威里士尼号上，定海总兵与知县坐在义律的对面——双方正在进行紧张的谈判。义律妄图用自己的炮火使清军不战而降。面对势在必得的英军，空海总兵沙哑地开口道："我从来没见过这么大的船，也从来没见过这么狠的炮。但是我必须抵抗，大清官兵，有死无降！"

1840年7月6日，定海陷落。

四

六百里加急快报传入紫禁城内：洋人七日前攻占定海。这个消息犹如一颗重磅炸弹，令道光内心焦虑不安。

被道光召进宫的琦善进言道："皇上明见。那洋人北上，皆因为林则徐造次，不如明令撤免林则徐……"讲到这句时，近旁几个大臣惊恐失声。琦善也气竭似的，停了片刻，叩一下头，鼓气再道：

"如此，可以先绝掉洋人用兵口实。然后，以礼相待，劝其退兵，妥善解决事端。"

三朝老臣听后急忙反对："不可！洋人用鸦片毒害中华，林则徐虎门销烟功不可没。而今洋人有罪反而待之如上宾，林则徐有功反被夺职罢官。堂堂大清，岂能受这种奇耻大辱。"

琦善不死心，又道："皇上，奴才冒死上奏。战端一开，祸满天下。林则徐一人不过轻如鸿毛，社稷安危才是大清命脉！"

三朝老臣听到琦善的逸言心中愤怒，对皇上说道："皇上，臣担心琦善所言示弱于敌，反使洋人得寸进尺。"

道光沉默许久，道："罢了。洋人野蛮无知，朕决定先礼后兵。琦善，你世受皇恩，又系朝廷栋梁。朕命你速去广州安抚洋人。告诉他们，朕已免了林则徐，并且宽恕他们擅动兵戈之罪。朕任命你为钦差大臣，全权解决争端。"

琦善心中暗喜，应道："臣领旨。"

很快，琦善来到广州，撤掉了林则徐的两广总督之职。

九龙半岛英军阵地的一顶大凉篷里，琦善同义律议和。义律带着鄙夷的口气说道："中国的美食天下无双，但中国的炮台是一堆垃圾。要是你们把餐桌上的天才用一点到炮台上去的话，今天就轮到我求和了。"

琦善无视义律的话，依旧一本正经地摆出天朝重臣的样子，说道："本大臣此行，并非求和，乃是赐和。"

义律听了何善之的翻译后，哈哈笑了起来："你叫它什么都行，我们不计较名称。"

琦善继续说道："皇上见尔等尚属恭顺，特赐三百万两白银，做舰船归国的花销。"

"我们没有谈到归国，"义律摇头，挥手打个响指，命侍者端进一份文件，"我告诉你我们要什么。"他将英文的《穿鼻草约》

放到琦善面前，"六百万鸦片赔款，五个通商口岸，还有香港。"

经过一番讨价还价，义律答应这次先只要香港岛。琦善明显地松了口气，开口承诺道："我愿冒死上奏，求皇上将香港赏赐你们。不过，你们要它做什么？那里荒无人烟，只有一个破烂渔村。"

义律笑了笑，说道："我们不这么看。银子是死的，土地却能生长黄金。"

1841年1月26日，英军占领香港海面。英舰在海面上排列，整齐地向香港开火。香港岛滩头，硝烟弥漫，无数只舢板从浅海驶抵岸边。英国的陆战队员跳下水，枪支斜扛在肩上，像旅游者那样进入香港。几个水兵在打造旗杆，另几个水兵将一块写有中英两种文字的木牌敲进大地。木牌上写着：英国香港领地。

此时的紫禁城勤政殿内，道光坐在龙座上冷眼观看，下面站着一片大臣，正在争辩战与不战。

最后，道光缓缓地说道："谋和，朕深明其害。开战，朕也深明其害！朕决定，调集各省旗勇绿营、水师战船，与洋人开战。朕不信，堂堂大清，会斗不过小小的英吉利！"

虎门炮台上，关天培以刀身敲击身后那只号钟，钟声悠长震天，关天培伴着钟声开口对众将士说道："关某毕生积蓄，尽在于此。弟兄们听好喽，击中英舰一炮，赏银五十两！击沉一艘，赏银一箱！"

兵勇纷纷吼叫："决一死战！杀敌领赏啊！"

伶仃洋海面，"威里士尼"号破浪行驶，三层炮口喷吐火舌。英舰结阵，炮管轰轰开火。尽管英舰前桅倾倒，起火，但嵌着数只大弹丸的舰身仍在急驶，舰炮仍在急射。

虎门炮台上，两个兵勇押着韩肇庆上来，报："禀大人，韩肇庆愿效死战。"

关天培盯着跪在地上的韩肇庆问道："韩肇庆，你可知今日有来无回？"

韩肇庆昂然答道："卑职但愿如此！"

关天培挥刀，挑断韩肇庆身上的绳索，再将刀把一转，递与韩肇庆，指着江面上的英军大喝："韩兄弟，来年今日，就是你周年忌日！"

韩肇庆接过刀，朝土里深深一插，飞快地扒光身上衣着。再拔出刀来，双掌倒执刀把朝关天培一拜，便朝炮台方向冲去。

炮弹如雨，碎片横飞，虎门炮台上一片清兵尸骸。英兵持着闪亮的刺刀，在军官的带领下冲击，沿途射杀垂死的清兵。

一片平整的泥沙微动，突然跃出赤裸裸的韩肇庆，他浑身上下尽是淤泥，样子令人恐怖。他手挥大刀，吼叫着狂劈乱砍，英士兵猝不及防，被砍翻一片。几枝枪口对准韩肇庆，咣咣射击。韩掷出大刀，插入一英兵胸腹，然后倒地，右手还竖在空中。英兵的皮靴从死去的韩肇庆旁边走过，韩肇庆竖在空中那只手动了一下似要抓，却什么也没抓住……

英军登上炮台外墙,看到炮台上一堆敞着口的火药桶。关天培和仆人阿三一坐一立,身如铁铸,须发皆白,气定神闲,血袍临风。关天培收回目光,表情甚是平和。

英兵本是步步逼近,但看着关天培的神情,忽然明白了什么似的,止步不前。关天培右手伸进老仆肩上燃烧的炭盆,抓出一块红彤彤的火炭,投进身下的火药桶。上千斤火药同时爆炸,虎门炮台连带半座山统统炸飞。黑压压的残骸从空中落进海里,浑浊的海水将它们吞没。浪花再卷时,海面已是一片破碎的英军军旗、军帽、尸首。

五

珠江边祭奠场,清军尸首被置于灵榻,几无尽头。祭奠队伍最

前列，并排跪着琦善与林则徐。

这时，京城懿旨已到，将军奕山昂立宣旨："琦善欺君卖国，丧权割地，着即革去直隶总督钦差大臣职，押解入京候斩！林则徐虚言误国，惹动兵衅，着即发配新疆。"

林则徐与琦善听后，心中各有思绪，但终只能领旨谢恩。

祭奠场与何家祠堂之间，琦善与林则徐道别。琦善怅然一叹："少穆，你我虽然都遭惨败，但你虽败犹荣，或许名垂千古；而琦善将身败名裂，永背骂名……"

林则徐悲怆道："虎门乃是数千里海防最坚固的炮台，谁知仅仅半日便陷落。虎门一战，前景可知。唉，苍天有眼，大清无救。今日起，中华怕要进入漫漫长夜，无路可行……"

中国军民在虎门、三元里、定海、宁波、镇江英勇抵抗英军，终因政治腐败、军事落后而失败。

1842年8月29日，《南京条约》在英舰上签订。之后，英国又迫使清政府签订了《北京条约》《展拓香港界址专条》，从而侵占了整个香港地区。

紫禁城奉先殿内，道光跪在祖先的灵牌与遗像下，叩首。大清先皇及祖宗，从四面墙上注视着道光。

滂沱大雨，墨云如磐。鸦片战争的失败和《南京条约》等一系列不平等条约的签订，使中国社会发生了根本性的变化，中国开始沦为半殖民地半封建社会。鸦片战争标志着中国近代史的开端，从此中国开始经受更加深重的苦难，中国人民面临着更为复杂曲折的斗争。

影评选粹

尊重历史·忧患意识·民族精神

影片《鸦片战争》从一个全新的角度重新看待那段历史，讴歌了中华民族不屈外国列强欺压、奋勇抗争的英雄气概和民族精神。

《鸦片战争》把握时代脉搏，再现历史真相，并以现实主义的眼光和手法来组织题材。历史题材与时代需求相结合，从一个新的历史高度，高屋建瓴地俯视那段历史，既真实、客观、公正地再现了那段历史，又以现代意识和现代人的眼光来表现各类人物，彰显爱国主义精神和中华民族厚重深邃的历史精神。

影片让今天的中国人记住那段耻辱，反思那段沉痛的经历，牢记那段屈辱的历史。影片运用多种电影语言刻画人物的性格，剖析人物丰富的内心世界，使人物真实感人。这部电影具有浓重的历史感，而且对各个历史人物的把握也相当确切。特别是林则徐这一人物，除了他身上的爱国、果断、镇定和勇气，影片还描绘了他性格上更多的侧面。权威影评家邵牧君评价这部片子"拍得很精彩，它大气、厚重、严谨、平实,而最可贵的是它能平心静气地回顾历史、实事求是地检讨国耻"。

《鸦片战争》称得上是一部大片,作品拍得有气势、有深度、有高度。正如导演谢晋所言:"一个真正的艺术家,同时也应该是一个思想家,应该通过他的影片对一些社会问题发言。"

《鸦片战争》以中国近代史开端的这场战争为故事脉络,谢晋着力于从正面表现英国殖民主义与中华民族的矛盾,也就是一个积极向外扩张的西方资本主义工业文明与一个闭关自守的东方封建主义的农业文明之间的矛盾。在这两种力量的较量中,成败的关键因素就是文明的先进与落后。

整个作品充满了忧患意识,以一种不寻常的悲壮感使影片在历史的认识上超越了过往的拘泥、格套和胆怯。

精彩回放

本片通过完美而又真实的场景与人物再现了鸦片战争这段屈辱与抗争史;通过描写英国的工业革命成果来衬托清王朝的落后;通过衬托与对比,加上镜头的配合,向我们展示了历史发展的真谛。片中有两个场景是让人难以忘怀的:

一是关天培问将士们:"这炮是干什么用的,为什么不打?"回答:"我们的炮够不到英国的战舰,只能眼睁睁地看着他打我们。"

二是九龙半岛英军阵地上,琦善同义律议和时,义律说:"中国的美食天下无双,但中国的炮台是一堆垃圾。要是你们把餐桌上的天才用一点到炮台上去的话,今天就轮到我求和了。"

所有这些都说明了一个道理,那就是:落后就要挨打。这是一个惨痛的历史教训。

林则徐

准我戴罪立功，给我三千人马，我愿死守珠江水口，打不退洋人，死而无怨。

——林则徐向琦善请命

影片档案

出品：海燕电影制片厂
编剧：吕　宕　叶　元
导演：郑君里　岑　范
摄影：黄绍芬　曹威业
作曲：王云阶
剪辑：朱朝升
主演：赵　丹　李　镛　邓　楠

荣誉成就

作为新中国国庆十周年的献礼片,著名导演郑君里执导的这部历史影片极富东方民族特色和传统审美意味。表演艺术家赵丹成功塑造了林则徐这一银幕形象,感动并激励着一代又一代的中国观众。

影片史料

林则徐

林则徐(1785—1850年),字元抚,一字少穆,福建侯官(今福州)人,清朝后期政治家、思想家和诗人。嘉庆十六年赐进士。1838年在湖广任内,严厉禁烟,成效显著,为禁烟派的代表人物。同年12月受命为钦差大臣,前往广东查禁鸦片。1939年3月到达广州,为了解西方情况,结合外文书籍,编译《四洲志》。主张对外商分别对待,孤立烟商。与总督邓廷桢协力查办，严令英、美烟贩缴出 237 万多斤鸦片，并在虎门海滩当众销毁。之后，积极筹备海防，倡办义勇，屡次打退英军挑衅。

1840 年 6 月，鸦片战争爆发后，林则徐严密设防，使得英军在粤无法得逞。同年 10 月遭人陷害，被革职。不久充军新疆，在新疆新办水利，开辟屯田。后起用陕西巡抚，擢云贵总督，因病辞职回籍。1850 年受任钦差大臣，往广西镇压农民起义的途中，不幸病逝于广东普宁。著有《林文忠公政书》等，今辑为《林则徐集》。

林则徐身上具有高度的爱国主义精神。他的禁烟抗英活动，"民沾其惠""夷畏其威"，代表了中华民族的利益，符合最广大人民的意志和愿望，这使他成为中华民族反帝斗争历史中的先锋人物。

剧情故事

一

从 18 世纪后期开始，英国侵略者对中国开展罪恶的鸦片贸易。

在辽阔的海面上，一艘艘飘着英国国旗的帆船满载着鸦片烟，从印度出发渐渐驶近中国的广州。英国的东印度公司营销的鸦片在中国大行其道，到了 1838 年，仅广州一地每年进口的鸦片就有四万箱，价值高达三千多万两白银，中国的经济濒于破产，千千万万的中国人民深受毒害。

民穷财尽的局面让清朝的道光皇帝不得不重视鸦片烟带来的严重后果。怒气冲冲的道光皇帝在养心殿上大步地踱来踱去，"好啊，这东西居然闹到咱们自个儿家里来了！太监抽大烟，连王爷也抽大烟！简直胆大包天！"他把一根象牙烟枪向地上狠狠地摔去。

朝廷大臣跪伏在地上，不敢仰视，他们有的已经有了毒瘾。道光皇帝本希望六部和军机大臣能议一下林则徐提出来的禁烟办法，但得到的是众臣的推诿之辞——"恐怕操之过急"。

"什么叫操之过急？一年拿三千万两银子白白送给鬼子，你们不心疼吗？咱八旗绿营的兵，个个抽大烟，连枪都扛不动，你们瞧不见吗？简直是发昏，发昏！"道光皇帝立即宣召湖广总督林则徐上殿。

林则徐气宇轩昂，大步走上殿来，在通过跪伏的行列时，人人侧目而视。道光皇帝派林则徐为钦差大臣到广州去查禁鸦片，并嘱咐道："事关国家安危，你一定要把这件大事办好！"

林则徐内心虽有一些担忧，但还是领受了圣上的旨意。清廷中的满、蒙诸臣心怀不满，他们没想到钦差大臣的职位会落在林则徐的头上。

军机大臣穆彰阿和直隶总督琦善并不打算买林则徐的账，因为他们知道一旦在广州禁了烟，他们的"财源"就断绝了。穆彰阿和琦善拿皇帝没办法，但并没有善罢甘休。琦善挑唆穆彰阿采取行动，阻止林则徐的禁烟活动。穆彰阿冷笑道："广州的戏不是那么好唱的，我看还是写封信给豫坤，叫他从广州先下手的好！"

粤海关监督豫坤在收到京城六百里加急送来的密函时，刚刚享受过鸦片烟，过足了瘾，正躺下来闭目养神。

豫坤打开信件一看，不觉大吃一惊，翻身坐起，紧急召见伍绍荣，向他面授机宜。在伍绍荣离开之前，豫坤还特意交代不能暴露自己。

伍绍荣急忙乘轿子来到商馆，告知英国鸦片巨商颠地等人，希望他们在钦差大臣林则徐到来之前先躲一躲。颠地虽然认为自己能够用金钱收买林则徐，但还是通知手下将装鸦片的船开出港口，暂避风头。

珠江边的码头上，人如潮涌，老百姓兴冲冲地在人堆里挤着。"钦差大人到了！钦差大人到了！"仪仗兵列队奏乐，欢迎新上任的林则徐。豫坤、伍绍荣等官员匆匆赶来，举目张望，但珠江的水面上并无开来的官船。

此时，有两个家人挑了两担行李从一艘乌篷船上登岸，领兵的拦住不让走。家人从容地回答说："这是我们林大人的行李。"

"什么林大人？滚！"

家人回答道："林则徐林大人。"

听到这里，豫坤冲上前去忙追问道："什么？"

家人回答说："林则徐林大人。"

豫坤举目观看——只见整整齐齐一个铺盖卷，两只衣箱，一只书箱。豫坤疑惑不解地问道："钦差大人到了？"

其实，林则徐已经到了两天了。这让豫坤恼羞成怒。他气急败坏地让迎宾的乐队赶快停下来。

二

珠江边上有欧洲18世纪样式的建筑，旗杆上飘着英、美、法等欧美列强的国旗，外国侵略者的势力浸染已深。

林则徐一身客商打扮，坐在珠江上一只艇仔的仓里。他的小儿子拱枢依偎在身旁，老家人林升肩上搭着包裹和雨伞，坐在对面。林则徐无心欣赏珠江两岸的景致，而是默默地察看着商馆的形势，尤其注意水陆交通的状况。

划船的汉子麦宽和他的娘子阿宽嫂背着孩子在料理茶水。他们都身披重孝，因为前年英国领事要用他们的船装大烟，他们的爹爹不肯，就被英国领事一拳打到江里，死掉了。从他们的口中，林则徐得知英国领事已经在昨晚回来了，并不在澳门。

傍晚时分，林则徐舍舟登岸。街道虽狭窄，却很热闹，有烟馆、茶馆和山货行等等，茶馆内还传来一个盲妹卖唱的歌声。在一家名为"招隐居"的烟馆前面，林则徐驻足观看。烟馆的大门钉有木栅，还贴着两广总督衙门的封条。林则徐转过身来看到盲妹一面唱，一面拿着一个破托盘在讨钱。他摸出一些碎银丢在盘子里。这时，一个瘦削的烟鬼上前把盘子里的碎银和钱一把都抓走了。

　　这个烟鬼是盲妹的丈夫。他不容分说拿着钱，转入一间低矮的破屋子里。林则徐跟到门前，发现许多烟鬼聚集在这里吞云吐雾，像蛆虫一样在地上蠕动，不啻一幅人间地狱的惨象。林则徐看到这些，不禁怒形于色。

三

　　商馆外门庭冷落，岗哨密布，警卫森严，豫坤的手下奕湘骑马来回巡视着。所有的英国商人都聚集在商馆的大厅里。广州知府伍绍荣闭着眼，坐在大厅正当中的太师椅上，听通事宣读钦差大臣的谕帖："所有外国商人应将自己所有鸦片全部缴官，以后来船，再不敢夹带鸦片，如有带来，甘愿鸦片没收，人即正法！"

　　听完这些，英国商人意识到事态的严重性，开始交头接耳，议论纷纷，大厅里充满了紧张的气氛。

　　英国领事义律在自己的办公室边走边对颠地说："当时你应该接受伍绍荣的建议离开广州。"

　　颠地有些不在乎，说自己已经通知鸦片船开出海口了。义律打断颠地的话，"你在做梦！船只已被林则徐扣住了！"颠地听到这里，不禁大吃一惊。义律为了颠地的安全，为了大英帝国的利益，建议颠地立刻离开广州到澳门去。

　　伍绍荣受邀来到英国领事义律的房间。因惧怕英国人，伍绍荣答应了义律的要求，帮助颠地逃离广州。

　　当夜晚上12点，商馆后墙的垃圾洞口，两乘打着"粤海关"灯笼的轿子在这里停了下来。差人向洞口敲了两下，门开了，颠地换上中国袍褂，戴上官帽，从洞中钻出，连忙上轿。

　　在伍绍荣的帮助下，颠地乘坐的轿子通过了清兵的盘查，来到小码头边。颠地快步走向江边，上了一条挂着"粤海关"灯笼的官船。

匆忙之间颠地的帽子掉在了江里，伍绍荣赶忙脱下自己的官帽递给颠地戴上。不过，这一切被睡在船仓里的麦宽看得一清二楚。

麦宽乘机扑向颠地，把颠地掀翻在地，大喊道："抓番鬼佬啊，抓番鬼佬！"在扭打过程中，麦宽寡不敌众，头部受伤倒在地上。

阿宽嫂、梁三等许多船户得知颠地乘坐官船逃走了，纷纷聚集起来。他们在德高望重的渔民邝东山的带领下，开始追拿打算逃跑的颠地。邝东山从容地对众人说："五湖四海都有我们的人，他逃不了！"

邝东山拿出一根麻绳，编了个花结，对一个精壮的渔民说："你从旱路赶到飞鹅潭，传我的话：盘查出口船只！"接着又手持竹箭转向众人问道，"谁领第一路追兵？"阿宽嫂抢先接箭成为第一路追兵，梁三接箭成为第二路追兵。

最终，他们的船只围住官船，阿宽嫂和梁三等人纷纷跳上官船，揪出乔装改扮的颠地,把他捆了起来。

四

第二天破晓时分,钦差行辕大门外的墙角处,人们发现颠地被捆绑着装在一个大麻包里丢在那里。此时,他已经昏迷过去,身旁有一张写着字的草纸片:

韩某颠地,罪恶滔天。
奕湘卖放,海关派船。
今日捉到,原物送还
再敢徇私,杀尔狗官!
邝东山

林则徐读着这些字句,皱着眉询问邝东山是谁,在哪里。关天培回答说:"好像是个打鱼的,经常出海打鱼,并不怎么好找。"

林则徐当即下令:"所有司道州府官员,前来行辕议事。"接着又补了一句,"一定把豫坤大人请过来!"

坐在大堂上的林则徐冷眼环视官员们,严正地说道:"禁烟是大清亿万百姓生死存亡的大事。几十年来,鸦片之所以流毒内地,屡禁不绝,这是为什么?"林则徐双眼圆睁,怒斥道,"我们在位的都受着朝廷的厚恩,吃着皇上的俸禄,可是,有人还在护持鸦片,卖放洋人,还算个人吗?"

林则徐走下来质问韩肇庆,洋人颠地是怎么跑的,又质问伍绍荣,豫坤没有来,是不是病了。他们二人支支吾吾,说不出个所以然来。

林则徐怒不可遏,让人再去请豫坤过来,把副都统韩肇庆送按察司衙门仔细勘问,又让战战兢兢的伍绍荣在下面候着。

盛怒之下,林则徐把茶杯往桌上用力一搁,茶碗"当啷"一声碎了。伍绍荣吓得一下子从椅子上跳了起来,眼珠上翻张望着。林则徐的儿子吓得叫了一声"爹"，差点儿哭出来。

林则徐也意识到自己有些失控，他合上眼睛镇静了一下，坐到椅上，两眼望着壁上挂着的自己书写的横幅——"制怒"，慢慢冷静下来。

豫坤匆匆进来之后，并没有想到伍绍荣在场，一下子呆住了。伍绍荣也一怔，尴尬地向豫坤打招呼，流露出求援的神色。在接待豫坤时，林则徐像一切没有发生过一样，开始与豫坤斗智斗勇。

林则徐意味深长地微笑道："事情如果不紧急，我也不敢惊动大驾。"

豫坤早有心理准备，先发制人地问道："是不是颠地逃走啦？"

林则徐踌躇了一下，然后断然说道："已经给逮回来了！提起洋人的事，我正要请您大力帮忙。"

豫坤不知底细，紧张回应着说没问题。林则徐接过话茬，侃侃而谈："洋人气焰嚣张，还不是恃他船坚炮猛，武力雄厚。而咱们的海防呢，您很清楚，实在太差！"

豫坤淡淡一笑，"关天培老头子不是满嘴办法吗？"

林则徐说："他也是'巧妇难为无米之炊'，没有钱，使不出劲。我考虑再三，打算向贵海关商借三十万两银子，修建炮台。"

一听到借钱之事，豫坤沉吟道："广州关税，都得按期解送北京，兄弟这边，分文不剩。"

林则徐笑笑说："怕不尽然吧！"

豫坤一口回绝："这是朝廷体制，兄弟不敢擅自更改。"

对这样的回答，林则徐并不感到意外，他顺手拿起那张草纸片，说道："近来外间有些流言，想必您也有所闻吧？"林则徐一边说，一边把纸片递给了豫坤。

豫坤心里发虚，不自觉地向楼下扫了一眼。楼下的伍绍荣紧张万状地竖耳聆听。林则徐则冷静地观察豫坤的神色。

豫坤老奸巨猾，他放下纸片，故作平静地说道："这明明是无中生有。"

这时，林则徐翻阅一份供状，"可是颠地的口供……"豫坤赶紧抢过来，一看，神色大变，"他这是想替自己开脱，不惜血口喷人！"

林则徐但笑不语。豫坤很油滑，说了一句一语双关的话："洋人一向狡猾，大人不可不防！刚才大人提起要修建炮台，倒也不失为一个治本的办法。朝廷既然没有这笔开销，兄弟倒愿意各方奔走一下，尽力报效！"

林则徐会心一笑："那就多请费心了！"

豫坤打哈哈，说："哪里，哪里！"说完拱手告辞。豫坤下楼，脸色铁青，伍绍荣乞怜似的望着豫坤，而豫坤只是狠狠地瞪了他一眼，愤愤而去。

五

一切准备就绪，林则徐召见义律。义律身穿礼服，来到行辕花厅。林则徐问义律："缴烟的事筹划得怎么样了？"义律轻蔑地笑了笑，诡辩说这是商人自己的事情，英国政府并没有指示商人做鸦片买卖。

林则徐不会让义律蒙混过关的，说："既然如此，那你就应该督促你们的商人把鸦片快交出来销毁，这是你的责任！"

义律耍起了无赖，"我认为贵钦差应该先恢复我国商人的自由，我们再来谈这些问题。"

林则徐站起来，大义凛然地说："商人依法缴烟，自然可以自由！"

双方僵持不下。义律耸耸肩，率先退让一步，希望扭转这个局面。"既然钦差大人一定要缴烟，我当然可以为你们效劳，不过，我国最大的鸦片商人颠地已经回国去了，很遗憾！"说着，摊摊手，"我无能为力！"

"哦！"林则徐冷笑道，"要是他没走呢？"

"那我劝导他缴烟就是喽！"义律冷笑说。

"好！"林则徐点点头，回头说，"来，把颠地带出来！"

义律听到这里，大吃一惊，脸色剧变，他几乎不敢相信自己的耳朵。

颠地被带进花厅，义律不想束手就擒，反诬赖道："我以大不列颠帝国驻华领事的名义，抗议您无故拘禁英国公民！"

林则徐义正词严："他是英国侨民，可是，触犯了中国的法令。本大臣一再传谕禁烟，他竟敢抗命潜逃，贵领事还要多方袒护，居心何在？"

义律一时无话可说。林则徐语气缓和下来，说道："本大臣旨在禁烟，人，你可以带走，限你们在三天之内把鸦片都缴出来！如果逾期不缴，我就把你们的商馆封起来，断你们的粮食，断你们的水！我的话说在头里！"

接连数日断水断粮，让商馆内的义律、颠地等人一筹莫展。烤制面包和蛋糕的各种样式的铁皮模子，空落落地搁着。冰冷的炉灶上，煎锅和锅铲歪斜地摆着，上面还蒙上了一层尘土。刻花玻璃的冷开水瓶歪倒，里边没有一滴水。

商馆内的洋人吵闹起来，要找义律讨说法。义律对此充耳不闻。他埋头在一封信上签了字。信的主要内容是，请求英国女王立即采取对华作战的行动。

颠地等人为恢复自己的自由，情愿多拿出鸦片来。因为再这样僵持下去，他们只会遭遇到更大的麻烦和危险。

义律最后决定，让英国的鸦片商人把所有的鸦片全部都交出去。

"那……那我们……怎么办呢？"颠地听到让交鸦片有些慌了，因为这将让他们损失大量的金钱。

"你们的贷款，由英国政府补偿！"义律承诺道。但是，作为交换条件，义律让颠地立刻带着这封信回伦敦，交给外交大臣。

1839年6月3日，虎门海滩上掘了两个池子，纵横各15丈，周围树立木栅。池边堆了许多装鸦片的木箱。差役一边将鸦片倾入池中，一边把石灰倾倒进去。欢天喜地的男女老幼聚集在虎门海滩之上。旌旗招展，锣鼓喧天，人们舞狮庆祝焚毁鸦片烟土。

观礼台搭建在背山面海的山坡上，林则徐、邓廷桢、关天培等官员坐在其上。台后山坡上密密地站满了人，观礼台的附近一角站着十来个外国商人，他们规规矩矩地在观礼。

林则徐把黄龙令旗一挥，土炮轰鸣，涵洞的闸门抬起，海水汹涌奔入池中，海水沸腾，升起数丈高的汽柱。

围观的群众拍手叫好，阿宽嫂等人也在无比欢欣的人群中，他们的脸上洋溢着畅快的笑容。

林则徐颇感欣慰，对西洋商人解释说："我们只要禁烟，并不禁止做买卖。只要你们肯承诺不贩卖鸦片，你们的货船明天就可以进入港口！"

在大海上的英船上，义律站在船头上眺望远处山头的滚滚浓烟，咬牙切齿地说道："烧吧！总有一天，我会让这把火烧到广州城！"

六

被浓雾所笼罩的伦敦，一群政客密谋着、撺掇着，计划让英国的海陆军毁灭广州城，把英国国旗插遍中国的海岸。

此时的虎门炮台，人们正在修筑海防工事，山坡上是熙熙攘攘的人群，他们除野草，拆旧基，挑土，担水，络绎不绝。麦宽、梁三等一群壮汉正在用粗索和滚木移运"八千斤"大炮的炮筒。

林则徐兴致勃勃地来到虎门炮台视察，还与麦宽、阿宽嫂和邝东山见了面，商量着如何抵抗洋鬼子的进攻。

远在北京的皇宫内，穆彰阿在道光皇帝面前大进谗言，说林则徐的虎门销烟是让洋人伏贴了，但在广州一个劲儿练兵设防，就纯粹是多此一举。

穆彰阿说："林则徐、邓廷桢二人都是汉员，如今兵权在手，而且天下归心，皇上不能不留点神！"

前来觐见的豫坤也说林则徐、邓廷桢居功自大，目中无人，专门跟八旗宗室过不去。道光皇帝最后决定，把林则徐和邓廷桢二人拆散，把邓廷桢先调到福建去。

邓廷桢不得不离开患难与共的林则徐。林则徐得知这一消息，只能好语劝慰，希望在邓廷桢临走之前，把"八千斤"大炮安装好。

临别之时，林则徐对邓廷桢说："福建与广东是蝉联之地，只要海防无虞，你我的身家性命可保。"邓廷桢说："广州的担子，要交给你一个人了！"林则徐长叹一声，慢慢地点了点头。

送别邓廷桢，林则徐极目眺望，无限怅惘。当看到众百姓在山坡海隅修筑工事时，怅惘之情一扫而光，准备痛击自海上来的英国侵略者。

海面上乌云满天，英国的舰船迎面驶来，他们的武装侵略开始了。

在虎门要塞，林则徐身披斗篷，用望远镜眺望远方。

关天培下令："发炮！"

"帅"字旗下的炮垒发出第一声炮响，沿海各炮垒的炮口一齐开火，紧接着各山头一齐发炮，火光和烟雾交织在一起。

林则徐紧接着下令战舰出击，遭到痛击的英国舰队只得离开广州，驶向厦门和定海。攻陷定海后，英国舰队有一艘留在定海，其余驶到天津，直逼天津白河口，威胁北京城。海面上的英国军舰整装待发，大炮高举，耀武扬威。

北京城内，琦善快步走入皇宫内，疾呼："皇上，洋鬼子进了白河口了！"

道光皇帝满脸焦急，得知这一消息，当即瘫坐在椅子上，目瞪口呆，半晌才喃喃地问道："没……没开炮吧？"

琦善怔了一下，好像没有听明白："这个……洋人声势浩大，奴才……不敢擅专……"

"混帐！"道光皇帝不耐烦地骂道，"我问的是洋人！"

琦善这才稳住神，答道："没有，洋人倒还恭顺，他们说要到北京……"

一听"到北京"，众人大惊。琦善继续说："英国人到北京，只是求皇上赔他们大烟钱，以后只要不再禁烟，他们就回到广州，并把定海交还回来。"

早已吓得心惊肉跳的道光皇帝，决定派琦善到广州去一趟，并任命琦善为钦差大臣负责关防；下旨给军机处，把林则徐、邓廷桢撤职严议。

七

广州城内的行辕花厅已为琦善布置一新。琦善盘膝坐在炕床上，眯着眼，嗅着鼻烟，拖着长腔质问林则徐："林大人，你知罪吗？"

"不知！"林则徐目不斜视。

"我问你，前年冬天是谁一个劲儿闹着要禁烟的？"

林则徐正言道："上至朝廷，下至黎民百姓。"

站在一旁的豫坤冷笑道："说得倒冠冕。还不是你一个人在里边跳？"

林则徐反问豫坤："难道禁烟有罪？"

"可你没把烟禁住，"琦善插言道，"反倒把洋人引进来了。你看看，鬼子占了定海，扰乱天津，闹得天翻地复，你说这是谁的罪？"

林则徐义正词严道："守土官员之罪！"

琦善对此显然不能认同。林则徐不卑不亢，从容回答："鸦片是我林某禁的，烟土是在虎门烧的，洋人为什么不打虎门，找我林某算账，反倒闯到天津，跟您为难呢？"

琦善一时语塞，恼羞成怒，赶快让人宣读圣旨。林则徐磕头谢恩。

关天培跪在林则徐下手处，很是激动，起身走向琦善道："既然林大人禁烟有罪，卑职们也责无旁贷，关天培愿告老归林！"

对于关天培的话，琦善勃然大怒，"大胆！你当你能置身事外吗？"

遭到撤职查办的林则徐，心情很是低落，茶不思，饭不想。但他得到了当地百姓的拥戴，邝东山等人前来林家看望林则徐。

林则徐环视众百姓，感慨万千："各位父老的好意我心领了！圣命难违，我也无能为力。今后，你们要依靠自己的力量，不让洋人进咱们的广州城。"

英军挥师南下，在义律的要挟下，林则徐修好的那些炮台、工事等全给拆了，林则徐办的民兵、水勇全部解散了。

关天培衣冠不整，踉踉跄跄来到林则徐的家里。他看见林则徐呆呆地伫立窗前，失声痛哭。林则徐也落下泪来。而行辕书房内的琦善，则玩物丧志，贪图安逸。

英舰上的大炮一齐发射——英国士兵开始向虎门炮台发动进攻。关天培率兵誓死抵抗，为国尽忠，最后壮烈殉国。而琦善不发救兵，见死不救。

林则徐悲愤已极，前去求见琦善。他满怀义愤，质问琦善："大人为何按兵不动，坐视不救？"

琦善发怒："你管得着？我的兵要守广州！"

"可是虎门一失，眼看洋人就要兵临城下！"

琦善装模作样地说："本大臣自有退兵之计！"

林则徐恳求琦善，自己愿戴罪立功，若能分派三千人马，愿死守珠江水口，打不退洋人，死而无怨。但，这些都被无情拒绝了。

最后，林则徐被发往新疆伊犁效力赎罪。林则徐满腔孤愤，但也只能逆来顺受。

清廷屈辱退让，英军趁势大举入侵。面对英军的侵略，百姓自发地组织起来，奋起抗争。

1841年5月30日，三元古庙内，香烟缭绕，这里挤满了手执锄头、铁锹等农具的乡亲。他们在邝东山的带领下，迎头痛击英国侵略军。

漫山遍野的乡亲们挥动着农具和自制的武器，在邝东山、梁三、阿宽嫂等人的引领下，呐喊着，勇往直前。义律和英军士兵惶惶然如丧家之犬，拼命向山上乱窜。

长亭外，林则徐勒着马，远远地望着这场惊心动魄的战斗。他的身后是一挑行李的挑夫和两个押解官。林则徐百感交集，他的眼里含着泪花，拨转马头，奔赴远方。

山岗口，麦宽高举"平英团"的大旗，从山腰直冲上山顶。以邝东山和阿宽嫂为首的几路人马都奔向这面大旗。

鸦片非但没有麻醉中国人民，反而唤醒了他们。中国人民反帝反封建的斗争，从这一天开始了！

影评选粹

人物传记·历史巨片·民族色彩

这既是一部人物传记片，又是一部全面反映鸦片战争的历史片。壮阔、恢宏的场面，鲜明、丰满的人物形象，成熟的镜头语言，使得这部作品成为新中国电影艺术的经典影片之一。

影片信息量大，内容充足，轮廓清晰，主线是林则徐的个人命运和鸦片战争的发展轨迹的交织和扭结，副线是以邝东山、阿宽等为代表的广大民众的抗争。两条线索有交错，有融汇，集中传递出中华民族和外国侵略者的矛盾冲突。

清初大思想家王夫之说:"情景名为二,而实不可离。神于诗者,妙合无垠。"导演在这部电影中注入了浓郁而强烈的爱国感情和精神,把人物形象置于特定的情景之中,借景抒情,情景交融,达到了感动人、感染人的艺术效果。

精彩回放

影片汲取了中国古典文学艺术的精髓,善于营造典型环境,制造出引人入胜的戏剧性场面。影片在不少地方呈现出一种含蓄和谐之美,疏密得当,张弛有度,韵味悠长。

在送别邓廷桢时,林则徐与友人难舍难分。因为朝廷不信任自己而调走邓廷桢,无疑削弱了自己在广州的禁烟力量,林则徐心情惆怅,还有一丝悲凉在心中。导演显然是汲取了李白"孤帆远影碧空尽,唯见长江天际流"诗句的意境之美:林则徐在山巅的古松白云间,远眺江上。远景是曲折如带的江面,浮在水面上的白帆渐行渐远,最后没入转弯处,不见了。近景回到林则徐身上,他怅然若失,眼含热泪。这些精当的镜头语言渲染出挚友分离的难舍和英雄扼腕的悲情。

火烧圆明园

> 我要烧你们大清皇帝的行宫——举世闻名的圆明园!我还要烧,烧你们的天坛、地坛、日月坛……
>
> ——英法联军首领疯狂地叫喊道

影片档案

出品:中国电影合作制片公司、新昆仑影业公司

编剧:杨村彬　李翰祥

导演:李翰祥

摄影:杨　林　汤姆森

原创音乐:谭　盾

美术:宋洪荣

主演:梁家辉　刘晓庆　项　堃

荣誉成就

香港著名导演李翰祥,加上内地最著名的女星刘晓庆,首次演戏就挑大梁的香港演员梁家辉,使得这部清宫题材影片上映后在全国各地掀起观影热潮。该片荣获文化部1983年优秀影片特别奖。

影片史料

圆明园

圆明园,清代名园之一,始建于康熙四十八年(1709年),是环绕福海的圆明园、万春园、长春园三园的总称。园内开湖堆山,广种奇花异木,罗列国内外名胜、建筑,并通过长廊、墙垣与自然景物联系在一起,艺术价值甚高,被誉为"万园之园"。

咸丰十年（1860年），英法联军劫掠园中奇珍异物，并放火焚毁。

第二次鸦片战争

第二次鸦片战争，又称"英法联军之役"。1856年，英国借口广东水师在广州黄埔捕捉中国船"亚罗"号上的海盗，派兵进攻广州。法国借口法籍天主教神甫马赖在广西被杀，出兵入侵。次年，英法组成联军，12月攻陷广州。

1858年，英法舰队在美、俄两国支持下袭击大沽口，进犯天津。清政府派钦差大臣桂良、花沙纳与俄、美、英、法四国代表分别签订《天津条约》。1859年，英、法、美三国以进京换约被拒为由，派舰队炮击大沽炮台。1860年，英、法两国再次组成联军，进占天津；9月，在北京通州八里桥击败清军，直攻北京城。咸丰帝离京逃往承德，派遣恭亲王奕䜣留京议和。10月，英法联军占领北京，抢劫焚毁圆明园，奕䜣与英、法代表分别签订中英、中法《北京条约》。11月，沙俄又胁迫清政府签订中俄《北京条约》，割去乌苏里江以东大片领土。

中国继鸦片战争之后再一次丧失大量领土和主权。

慈禧太后

慈禧太后（1835—1908年），亦称西太后、那拉太后，清咸丰皇帝妃，满族，叶赫那拉氏。

慈禧太后，名杏贞，小名兰儿，称玉兰。咸丰十一年（1861年），咸丰帝病死在热河行宫，其子载淳六岁即位，其被尊为太后，徽号"慈禧"。与恭亲王奕䜣发动政变，杀死辅政大臣载垣、端华、肃顺，与慈安太后一起垂帘听政。

1875年同治帝死，立四岁的载湉为帝，年号光绪，仍垂帘听政。采用洋务派"自强""求富"的政策，开办军事工业，创建中国近代海军和陆军。对外妥协投降，对内仇视维新变法。1898年，发动政变，幽禁光绪皇帝，杀害维新派谭嗣同等六人。八国联军侵入北京城，她逃亡西安，下令残杀曾一度利用过的义和团，与侵略者签订《辛丑条约》。1901年后，作为实权在握的统治者，以"实行新政"和"预备立宪"的手段抵制资产阶级的革命运动。

剧情故事

咸丰十一年十月初九，六岁的同治皇帝在养心殿举行了登基大典。其实，他只是宝座上的一个摆设，真正的统治者是隔着一层薄纱，坐在他身后的母后——慈禧。

这就是历史上有名的亲王秉政、母后垂帘。

一

咸丰二年，由户部主持的每三年挑选一次的八旗女子挑选秀女又开始了。五品候补安徽宁广道员惠澂的二女儿玉兰，也是秀女中的一个。

御花园内到处都是八旗兵，秀女们整齐有序地排成长队，惴惴不安地向长春宫走去。只有玉兰，一边走路，一边左顾右盼，她开始深思：这难道就是皇上的御花园？金灿灿的琉璃瓦，红彤彤的高墙，雪白的玉石栏杆，那上面凤舞龙蟠，一派皇家气息……可为什么都是龙在上，凤在下呢？

长春宫门内，候选的秀女们一个个都嬉笑着，围在玉兰的身边。她们在看玉兰手中玩耍的小把戏——一个用绢子裹成的小老鼠正一拱一拱地往前蹿，活灵活现，跟活着的一样。

此时，咸丰帝奕詝路过长春宫，听到阵阵笑声后，好奇地下了肩舆，徒步走了过来。

这时，玉兰的小老鼠突然猛地一蹿，恰巧落在了奕詝的脚边。他弯腰拾起这只小老鼠，提在手里欣赏了半天。

奕詝笑了笑，亲手把小老鼠递给了玉兰。

玉兰不好意思地埋下了头，紧跟着会意一笑，转身跑开了。奕詝显然是心动了，他紧跟着进了长春宫院内。他打开那幅绣着玉兰花的手帕，笑着朝玉兰走过来。玉兰羞怯地从奕詝手中接过自己的手帕，赶忙跪下道了一声："谢皇上。"

奕詝紧紧握着她的手，看了看她衣襟上的小牌牌，轻声问道："有老姓吗？"

玉兰点了点头，回答道："叶赫那拉。"

这个回答不禁让奕詝一震，猛放开了玉兰的手。原来，叶赫那拉家族的祖先布扬古，与清太祖努尔哈赤是不共戴天的仇敌。布扬古在被杀死之前，曾经对天发誓：叶赫那拉家族即使只剩下一个女人，也要报仇雪恨。

正因为清廷皇族和自己祖上之间的仇怨，玉兰没有被册封为皇后。最后，她仅仅以贵人的身份走进了后宫，开始了自己的宫廷生活。

显然，玉兰是不会就这样认命的。如何能在后宫获得晋升？这个问题一直盘旋在玉兰的心头，甚至是梦中。

这一天，在大臣们的陪同下，奕詝正在圆明园内散步。肃顺跟在皇上的后边,一边指点,一边说:"这个喷水塔鬼斧神工,举世罕见啊,连洋人们都说,这是空前的奇迹……"

此时的玉兰正悄悄地隐藏在廊柱后面,她的眼睛紧盯着渐渐走过来的奕詝——准备抓住这个难得的大好时机引起咸丰皇帝的注意。紧张而又兴奋的她唱起柔媚的歌来。

竹林深处,溪水潺潺、花影扶疏之间,忽然有阵阵婉转悠扬的清音飘荡而来。奕詝被歌声吸引着,沿回廊随声音一步步地追了过来。

玉兰懂得皇帝的心思,她没有停下来,而是穿花拂柳,沿石径登上"天地一家春",靠着亭柱,婉转唱道:"艳阳天,艳阳天,桃花似火柳如烟……"

终于,奕詝找到了这个毫无顾忌唱着小曲的佳丽。见皇上来到自己的眼前,玉兰诚惶诚恐,低垂粉颈,似乎冒犯了圣上,忙在皇上面前跪下,"奴才恭请圣安。"

奕詝看到如此,满心欢喜地拉过她的手。玉兰粉面含羞,顺势倒在皇上的怀中。花丛池畔,难免不尽的绵绵情话。就这样,玉兰终于得到了咸丰的宠爱,从贵人晋封为懿嫔。此后,她常伴驾前,对弈,习字,甚至帮助批阅奏章,俨然就是咸丰皇帝的得力助手。

瑞雪纷飞的季节,玉兰为咸丰帝生下了一个儿子,即后来的同治帝载淳。她也由此被晋封为懿贵妃。而玉兰,也就是之后主宰大清帝国命运的重要人物——慈禧。

二

当时,政治上腐败的清王朝统治已经濒临绝境。面对着内有捻军、太平军揭竿而起,外有帝国主义频繁入侵的忧患,清王朝在痛苦中呻吟。

咸丰七年,广州城陷入一片火海之中,英法海盗战舰炮轰广州城。在炮火的支援下,英法联军强行上岸,冲进了广东知府衙门,打散溃退的清军，并抓住了仓皇逃窜中的巡抚叶名琛。广东老百姓愤怒起义，与英法海盗厮拼。

六百里急奏，驿卒换人不换马地直奔紫禁城。

深夜，肃顺捧了战报，奔驰入宫。一间偏殿里，奕䜣盘腿坐在临窗的炕桌上喝着茶。肃顺垂手在一旁侍立，等待主子发话。奕䜣看完战报，不屑地说了句："千万不要让他们北上。洋人想进京，面见朕？真是可笑。不搭理他们就好了。"

咸丰八年，英法联军挥师北上，美俄舰队紧紧跟从。旗舰上，英使额尔金、法使葛罗并排站在一起，拿着望远镜，向着前方指指点点。

圆明园海宴堂内，奕䜣盘腿高坐，直隶总督谭廷襄呈递的紧急奏章放在御桌上。分列跪礼的大臣们个个面带忧容，不敢开口。沉默了很长时间，肃顺终于打破沉默，说道："四国洋兵，一齐鼓棹而来，还真没听说过。"

"一向纳贡称臣，现在居然敢于僭越，敢于……"奕䜣继续说道，"夷狄之邦，蛮性难移。朕看，唯有给他们点颜色。谕令他们：交还广东省城，送还叶名琛，真心悔过还可以商量议和，否则我们就要举兵收复广州，断绝英法两国前来通商！"

朝臣们听后，虽然都众口一声地说着"皇上圣明"，但心里都很是不安。

大沽炮台，炮口高扬，一发发炮弹宛如火舌射了出去。面对英法联军舰队的疯狂进攻，清兵很快溃退逃窜。英法联军趁势快速攻进位于天津的直隶总督府衙，威胁北京城。形势万分危急。

报警、告急、求援的黄匣子一个接一个地送进宫来，奕䜣只愁得饭吃不下，觉睡不好，一夜间憔悴了许多。

同道堂内，又一道告急奏折捧递上来。奕䜣一阵叹息，皱着眉头将奏折接到手中。心烦意乱的奕䜣走到懿贵妃面前说："这些洋人真是得寸进尺，赔偿费加到八百万两不说，还要把天津划做通商口岸……"

"天津失守，就等于打开了北京的大门。"懿贵妃从旁劝道，"我看，还是把恭亲王找来商量商量吧，到底是自家兄弟。"

奕詝与恭亲王奕䜣是异母兄弟，素有芥蒂，但现在国难当头，也顾不得那么多了，他叹口气说："好吧，传奕䜣。"

候在同道堂阶下的几位军机大臣见宣恭亲王的太监匆匆奔出，不由得悄声议论起来："奇怪，叫鬼六子来干什么？"

杜翰说："这八成是懿贵妃出的主意吧，想学武则天的窃权乱政，干预朝政！"

肃顺冷笑一声："干预朝政？哼，她也懂得朝政！"

奕䜣快步入朝，跪拜后奏道："洋人要到北京来换约。"

奕詝听了，猛地一下转过身去，哼了一声："咱们不准，他们怎么来？"

奕䜣把头一低："他们要带兵来。"他飞快地朝上看了一眼，补充道，"他们在天津打了胜仗，气焰嚣张得很呢，什么都不怕！"

奕詝听了，猛地转过身来："朕不是跟你们说过吗，不准他们来，你们都是干什么吃的啊！这点儿事都干不好。"

奕詝看了看呆若木鸡的奕䜣，心里一阵不爽，长叹了一声说："叫他们都进来。"

军机大臣们鱼贯而入，肃然跪到皇上面前，默默无言地跪列两旁。

肃顺跪奏道："臣以为，方今之计，走为上策，可仿祖宗的成例，以'秋狝木兰'（秋天到木兰围场打猎）为名，到热河避暑山庄去。"

奕䜣瞟了肃顺一眼，反驳道："洋人打到家门口了，反倒让作为一国之主的皇上临阵脱逃？成何体统！"

肃顺脸上挂出一丝不屑的冷笑："'木兰秋狝'，怎么能是临阵脱逃呢？只不过是暂时避一避难而已，您想太多了吧。"

"避就是逃，逃就是避，"躲在内间的懿贵妃这时一挑软帘，款款出现在群臣面前，"加在一起就是逃避！巡幸就是逃跑。"

懿贵妃缓缓扫了众人一眼，接着说："皇上是万民景仰的国之磐石，怎么可以轻举妄动呢！不要说皇上是一国之主，就是三军统帅可以临阵脱逃吗？"说到这儿，懿贵妃眼睛狠狠地盯住肃顺，"你身为大臣，反而挑唆皇上临阵脱逃，置万民于不顾，是何居心？"

肃顺一时语塞，竟然无言以对。

奕䜣见懿贵妃当着大臣们这样说，虽不合朝廷体制，倒也说得头头是道，就硬拉下脸来申斥道："跪下回话，怎么一点礼法都不懂！"

懿贵妃朝上看了一眼，只得跪下。奕䜣摆弄着手里的鼻烟壶，慢条斯理地说："依你之见呢？"

懿贵妃回道："洋人发兵的目的，不过是为了钱；而长毛和捻匪要的是大清朝的社稷江山，这才是心腹大患。要让我说，攘外必先安内，宁予洋人，不给家奴！"

听她这么一说，奕䜣心中一动，不由得点了点头。

懿贵妃见此，更加从容地说下去："自古以来，战、守、和相互为用，真的议和不成，只好兵戎相见。所以，可先派亲王载垣、大学士桂良去通州与洋人议和，地点最好选在通州。毕竟我们在张家湾驻扎有三万九千兵马，纵使谈判破裂，蛮夷师劳饷匮，也不难对付。"

肃顺一贯看不起懿贵妃，他这时话里有话地说："看起来，懿贵妃对国家大事还真是了如指掌啊，所以，干预起朝政来也是头头是道啊。"

"干预朝政？"懿贵妃反过来讥讽道："哼，用不着拿着这么大的帽子压人，国家兴亡，匹夫有责！"

奕䜣思考了很久，方才慢慢吞吞地说道："好吧，你们去拟旨吧，派怡亲王载垣、大学士桂良去通州与洋人议和，明天我们就由圆明园回宫去。"

懿贵妃直到这时才慢慢松了一口气，斜了肃顺一眼，缓缓退出同道堂。

三

通州府衙门大堂。辕门内，旗杆上一边是英法军旗，一边是清廷龙旗。以怡亲王载垣、大学士桂良为首的清政府代表与各国使节分坐在谈判桌两旁，谈判还未开始，气氛就已经十分尴尬。

英国参赞巴夏礼十分傲慢地说："我们今天来，只是告诉你们，我们预备带两千人进京，与你们皇上亲自换约，别的，哼，你们不配谈什么！"

桂良与载垣交换了一下眼色，说道："贵国公使进京面圣，只能带十名随从，不能带军械。阁下要带两千人，用意何在呢？"

巴夏礼冷笑着说："对，我正想问你们呢，你们在张家湾驻扎那么多军队，是想干什么呢？"他抬眼看了看谈判桌边的僧格林沁，"那个人就是我们手下的败军之将，他怎么会有诚意来议和呢？"

僧格林沁手指着巴夏礼恨恨地说："你说话客气点儿。不然的话，我送你回老家！"

巴夏礼拍案而起："你不配。"

僧格林沁也猛地一下站了起来："大江大浪我经得多了，用不着跟我拍桌子。老实讲，宰了你，就跟捏死一个臭虫一样！"

巴夏礼气急败坏地直冲到僧格林沁面前："当然，你见过的江浪是太大了，三千骑兵，只剩下七人！"

僧格林沁抓起一个烟灰缸摔到地上，清兵应声鱼贯而入，包围了整个会场。僧格林沁说："使节先生们请暂退，我要和这位巴夏礼先生较量较量！"

僧格林沁走出大殿，脱掉了外衣，笑着对巴夏礼说："你要是把我摔倒了，别说带两千人进京，带两万也由你！"

巴夏礼拉开西洋拳架式，顿显威武，来回跳了几下，猛然出拳冲了过来。

僧格林沁双手抱在胸前，纹丝不动，只是冷眼狠狠地盯着巴夏礼。

待到巴夏礼扑到身边，僧格林沁猛一下侧身闪开，一把抓住巴夏礼的手腕，一抬脚，把他仰面朝天摔倒在了地上。

巴夏礼慢慢地爬起来，踉踉跄跄地又扑了上来。僧格林沁扭住他，扛起来转了几圈，猛地一撒手，把巴夏礼扔到了水池里，顿时引得阵阵笑声。

就这样，巴夏礼被僧格林沁狠狠地教训了一顿。而英国侵略者也终于找到了进京的借口，他们迅速纠集重兵扑向通州。毫不示弱的清兵在僧格林沁的率领下，抢先来到了通州八里桥。僧格林沁举目远望地平线上整齐有序的敌阵，举刀高喊"杀"，第一个冲了出去。

八旗骑兵随僧格林沁驱马杀出，犹如汹涌的浪涛，势不可挡。

待清军进入射程，英军将领下令："放！"顿时，枪炮齐鸣，战火横飞。

随着枪炮声，八旗兵一片一片地倒了下去。幸免于难的人侧伏在马背上，继续向前冲杀，但也难逃敌人枪炮的威胁，纷纷落马殒命。

战场上硝烟弥漫，尸横遍野。尽管弓箭、短刀等冷兵器抵不过侵略者的洋枪洋炮，但两万五千名骑兵用他们的鲜血在这里向世界显示了中国人宁死不屈、反抗到底的气节。

很快，通州惨败的噩耗传到宫中，奕詝茫然失色。

接着，英法联军大肆进军张家湾、八里桥，清兵逃奔。英法联军直逼京城。

同道堂正殿，正在召开紧急御前会议。军机大臣和亲王们在紧急商量对策。有人再次提出了让皇上以"秋狝木兰"为名，到热河去巡幸的主张。由于事情紧急，而又无其他计谋可言。孰重孰轻，何去何从，奕詝踌躇不决。

正在犹豫不决、无所适从之时，"有一股洋鬼子兵窜到海淀"的消息传来。奕詝瘫软在宝座里，大小臣僚目瞪口呆。

奕詝被随身内侍挽扶，颤颤地回身，"快下诏，朕立刻到热河去！"

端华问道："这，算巡幸呢，还是亲征呢？"

奕詝支吾回道："嗯……朕……以巡幸之备，作为亲征之举！"

惴惴的臣子们纷纷附和："对，对，巡幸就是亲征。"

紧接着，奕詝辞庙别宫，钻进轿内，仓皇而逃。昔日繁华的京城大街上，人喊马嘶，一片狼藉。太监们拥车抬轿，穿行在逃难的百姓之中。

恭亲王奕䜣则被留在了京城负责议和。而所谓"秋狝木兰"的行列，正仓皇狼狈地连夜奔驰在路上。很快，銮驾将近古北口，已经望见长城。

四

自古都是如此，太平、富贵都是属于皇帝和贵族的，而战乱和灾祸才归于百姓。

咸丰皇帝刚刚撤出北京城，帝国主义侵略者就紧跟着冲进京城。残忍的他们杀人放火，无恶不作。北京城尸横遍野，满目疮痍。

但是，中国人是吓不倒、杀不尽的。海淀谢庄一带的老百姓在猎户冯三宝的带领下，迅速武装起来，奋勇抗击英法侵略者。冯三宝的女儿冯婉贞弓马娴熟，常常出其不意地给侵略者以狠狠的打击。

侵略者一边提防着来自人民群众的袭击，一边疯狂地烧杀抢掠，他们在巴夏礼的率领下冲进了咸丰皇帝的行宫——圆明园。守园大臣文锐上前阻拦道："这是我们大清皇家园林禁地，谁也不准进去。"英法强盗强行闯进，守园禁卫兵奋勇抵抗。

强盗们哪管这些，他们持着火把冲进圆明园，踢开海宴堂殿门，闯入大殿，把陈列的珍宝、古董、文玩、字画抢劫一空，带不走的大件文物珍宝，到处乱丢，砸得粉碎……联军首领疯狂地嚷道："我要烧你们大清皇帝的行宫——举世闻名的圆明园！我还要烧，烧你们的天坛、地坛、日月坛……"罪恶的侵略者无耻地公开拍卖那些掠夺到的珍宝。而后，为了毁灭证据，掩盖罪行，一把火，把万众瞩目的圆明园付之一炬。

冲天的大火映红了圆明园上空，不甘受辱的宫中大臣、太监、宫女们在奋力搏斗之后，纷纷葬身于这片火海之中。

这场大火烧了整整三天三夜。这座始建于康熙四十八年，无数能工巧匠耗尽心思，付出了一百多年辛勤劳动，才终于在北国的田野上建成的皇家园林；这座寄托着乾隆皇帝下江南带回来的园林之梦的圆明园；这座人类史上最大、最美，拥有众多珍宝的万园之园——被英法侵略者残忍地焚毁了！

圆明园的毁坏不仅仅是中国文化艺术财富的一场浩劫，也是世界文明史上的一场史无前例的浩劫。

大火过后，圆明园只剩下几根残柱还矗立在未散去的烟尘中。这场火，烧毁的是皇帝的逍遥宫殿，却唤醒了千千万万中国人，激起了千万中国人的爱国之心。

这时的皇上和他的近臣、嫔妃们正在避暑山庄巡行，那里有的是好山好水。而圆明园所发出的悲鸣，他们却始终没有听到。

影评选粹

双线结构·历史现场感

英法联军以代表先进文明的洋枪洋炮攻陷古老的北京城，却用最野蛮的手段抢劫焚毁了素有"万园之园"之称的圆明园，两相对比，再加上影片中低沉激愤的旁白，的确给人以悲愤震撼之感。

影片《火烧圆明园》采取双线结构。除了英法联军的禽兽行径之外，影片前半部分用大量篇幅描写了慈禧发迹的故事——从少女玉兰时代即有野心开始，到初入宫门不得宠幸的寂寞幽怨，再至耍媚术赢得懿贵妃名位有志干预朝政。如此正史与野闻交融，不仅故事多曲折、细节、添俗趣，而且有利于刻画慈禧的人物性格。

影片在艺术处理上采取"写意"与"工笔"相结合的方法，力求回到历史现场。影片运用娴熟的电影表意手段，大开大合，将许多大场面拍得极有气势。刻画人物时，则运用精心设计的艺术细节工笔进行细描雕镂。为力求逼真，电影拍摄时甚至用上了真的服装和道具。影片同时采取旁述手法，混合戏剧及纪录片的风格，让作品颇有历史现场感。正如李翰祥导演在回答记者时所说的："我所追求的不是电影，而是生活。也就是说，我念念不忘的就是'真实'这两个字。"

影片韵味独到，影像沉稳大气，情节推进丝丝入扣。演员对戏份的火候把握得令人赞叹。百官上朝、军机议政、木兰秋狝和圆明残垣，皆是实地实景实物呈现，气势恢宏，深沉的历史感在当时的国产电影中可谓前所未见。

侵略者的野蛮侵略步步紧逼，得寸进尺，而遭受侵略的一方的抵抗却在减弱，直至最后不得已屈服。这是在给国人敲响警钟——落后就要挨打。

精彩回放

通州谈判破裂后，八里桥战役拉开帷幕。八里桥之役，中国军队以少有之勇，迎头痛击联军。军队由两万五千名鞑靼兵和为数众多的民团组成。尽管他们呼喊前进，反复地冲杀，还是一再遭到惨败。然而，他们还是坚持顶住了敌人强压的火力，最终全体阵亡。

在八里桥激战时，桥口站着一个身材高大的鞑靼人，他手执一面大黄旗，并且把这面旗帜不时指向所有的方向。尽管周围已堆满尸体，尽管已孑然一身，他却仍挺立在那里。子弹、炮弹在他的周围呼呼作响，飞啸而过，而他却依然镇静不动，直到一枚霰弹把他击倒在地，于是大旗也向一旁倒去……

导演试图用镜头"还原"这段历史——骑兵们一次次地呐喊着冲锋，一次次地倒在敌人强大的炮火之下，更是在传递对历史的省思，以及内心深处无以言表的悲愤之情。

冷兵器对热兵器，落后面对先进，孰胜孰败本是一目了然，然而影片中的壮烈情景却会使人在泪眼中悟出几分虽败犹荣的味道。

谭嗣同

　　特别是在戊戌变法中，产生了一大批以谭嗣同为代表的维新志士。他们抛头颅，洒热血，英勇牺牲，他们是民族的脊梁和英魂，他们的爱国主义献身精神将亘古不灭、永世长存。

　　——陈家林《我拍〈谭嗣同〉的点滴体会》

影片档案

　　出品：长春电影制片厂
　　编剧：刘耕路
　　导演：陈家林
　　摄影：安治国
　　主演：达式常　宋晓英　王玉梅

荣誉成就

1984年荣获文化部优秀影片故事片二等奖。

影片史料

谭嗣同

谭嗣同（1865—1898），字复生，号壮飞，湖南浏阳人。清朝湖北巡抚谭继洵之子。早年入新疆巡抚刘锦棠幕。中日甲午战争之后，愤恨中国积弱不振，在浏阳创立学社。遍历北京、上海、南京，吸收新学知识。1896年（光绪二十二年）入资为候补知府，在南京

候缺，著《仁学》成稿。1897年协助湖南巡抚陈宝箴、按察使黄遵宪等设立时务学堂，筹办内河轮船、开矿、修铁路等新政。次年又倡设南学会，办《湘报》，宣传变法。8月以徐致靖荐，被征入京，任四品卿衔军机章京，参与戊戌变法。9月政变发生，被捕下狱，与林旭、杨锐、刘光第、杨深秀、康广仁等同时遇害，史称"戊戌六君子"。他从"日新"变化思想出发抨击专制及纲常名教，提出"革去故，鼎取新"，认为"上权太重，民权尽失"，具有冲决封建网罗的斗争精神。

戊戌变法

戊戌变法，亦称"戊戌维新"。1895年（光绪二十一年），中日甲午战争爆发，中国惨败，民族危机空前严重。康有为等在北京发动各省应试举人1300余人士上书光绪帝，反对签订《马关条约》，以"变法图强"为号召，组织强学会，掀起维新变法运动。

剧情故事

1895年，中日甲午战争以清朝战败而告终，清政府迫于日本军国主义的军事压力，签订了丧权辱国的不平等条约——《马关条约》。它给中华民族带来了空前严重的民族危机，大大加深了中国社会半殖民地化的程度。清政府腐败无能步步退让，国民深受苦难。众多决心挽救民族危亡、振兴中华的仁人志士纷纷探寻强国之道……

一

1898年（光绪二十四年）6月21日，光绪皇帝颁布《明定国是诏》，决定维新变法。因时值农历戊戌年，历史上称为戊戌变法。

在湖南长沙橘子洲头，滔滔的湘江水，汹涌澎湃，奔流不息。

烟雨莽苍苍，放眼望去，长沙城被一片厚厚的愁云惨雾笼罩着。

苍茫的雾雨之中，南学会演讲会堂显得分外朦胧，给人些许虚无缥缈的感觉。堂外湿漉漉的街道上摆了几个摊床，有卖小吃的、卖菜的……往来的行人忙忙碌碌地穿梭于会堂内外，里面好像正有什么事情在发生……

"诸位，今日的中国，已经是风雨飘摇，山河破碎……"朗朗的演讲声传了过来。只见在陈旧的大院里临时搭起的简易台上站着几名青年，一处极为显眼的地方写着一行醒目的大字"湖南湘学会甲午国耻四周年纪念日演讲"。演讲的人正背身站在一张悬挂的手制地图前。院内挤满了听众，人山人海，好不热闹。他们个个都把脑袋抬得高高的，努力向上张望着。

"甲午一战，日本割去了台湾与澎湖……"这位年轻人一边挥笔圈掉台湾、澎湖，一边发表着言论。台下的听众都全神贯注地听着，他们的嘴巴都张得大大的，眼睛都瞪得圆圆的，表现出一副很吃惊的样子。不时还有断断续续的议论声传过来。

随即，演讲人又挥笔将地图上已被外来列强占有的所有地名依次圈掉。演讲人愤怒地将笔一掷，竭力控制住自己内心的愤懑，一字一句，深沉有力地说道："这，就是具有五千年历史的炎黄子孙的命运呵！"他向前迈了一步，伸出双手，慷慨激昂，"今天已经到了亡国灭种的地步！凡是有良心的中国人，凡是身躯里还流淌着轩辕黄帝的血液的人，睁开眼睛看吧！该是醒来的时候了！"晶莹的泪水从他充满悲愤神情的眼睛里流了出来。这时，台下已是沸腾一片，人们愤怒地呼喊着。

这位年轻的演讲者就是谭嗣同。甲午战争失败后，民族的灾难烧灼着谭嗣同的心，他对帝国主义的侵略义愤填膺，对清政府"竟忍以四万万七千万人民之身家性命一举而弃之"的妥协行径极为愤慨。在变法思潮的影响下，谭嗣同开始"详考数十年之世变，而切究其事理",苦思精研挽救民族危亡的根本大计。他深深地感受到"大化之所趋,风气之所溺,非守文因旧所能挽回者",必须对腐朽的封建专制制度实行改革,才能救亡图存。

而守旧保皇派是极力反对改革的,他们认为谭嗣同变法维新是包藏祸心,是欺君灭圣,图谋不轨。于是,他们便对变法维新派的活动进行了一次又一次凶残的破坏,企图扼杀维新变法于摇篮之中。

《湘学报》作为南学会的机关报,是谭嗣同专为宣传变法理论而创办的。此时,守旧保皇的劣绅们已把报馆堵得严严实实,个个都是一副气势汹汹的样子。为首的劣绅先是把报馆的木牌摘了下来,恶狠狠地甩在了地上。随即他们便气势汹汹地冲了进来,推翻桌子,掀倒报架,并把大批的书报纷纷扔出窗外。报馆人员见状,愤怒至极,与劣绅疯狂地厮打起来,顿时间,报馆一片混乱……

一位看起来像是报馆主笔的中年人被蛮横的劣绅从馆内拉了出来。一个人指着他的鼻梁说:"你就是主笔?"

"你们要干什么?"主笔满脸惊恐。

"干什?就干这个!"话音刚落,重重的一拳已狠狠地打在了主笔的脸上。主笔被打倒在地,其他几名劣绅跑了过来,又是一阵疯狂的拳打脚踢,主笔在地上痛苦地翻滚着身体……

一个劣绅恶狠狠地把主笔从地上抓了起来。可怜的主笔无力地站在那儿,他脏兮兮的脑袋也同样无精打采地耷拉着。他已满脸是血,嘴里还不停地流淌着鲜血。可为首的那个凶残的劣绅并未就此收手,只见他抬拳就要再打上去。就在这时,一个人突然出现,制止了劣绅的暴行。

来者正是谭嗣同。当他得知报馆被人砸了后,二话不说便同梁启超匆匆忙忙从南学会会场赶了过来。

就在此时,远处传来一声喝叫:"抚台陈大人——到——"全场顿时哑然。只见湖南巡抚陈宝箴从一台轿子中走出,站到了人群的中央，高声叫道："谭嗣同！"

谭嗣同等人连忙停止对峙，听候陈宝箴下文。

陈宝箴打开电文，高声念道："北京军机处急电：候补知府谭嗣同，学识绝伦，勇于任事，在湖南新政中功绩卓越，着即进京陛见皇上。"

听毕，谭嗣同先是一怔，好像对于这突如其来的喜讯还一时适应不了，随即他便缓过了神，但见他满脸精神焕发的样子，就连眼睛也分外有神了。他颤抖着双手接过电文，与此同时，强忍在眼眶里的泪水也终于不争气地涌了出来。

二

西太后慈禧虽然早已撤帘，把朝政全都交付给了光绪皇帝，但实际上实权依然还是握在她手里。对于主张维新变法的光绪皇帝，慈禧一直怀恨在心。她表面上对朝政之事不闻不问，但实际上仍通过刚毅等人时刻把握着朝廷的动态。

在颐和园阴森森的乐寿堂内，荣禄、刚毅、怀塔布三人在给西太后跪安后，依次跪坐到跪垫上，都一副心事重重的样子。一只黑色长毛波斯猫正慵懒地蜷伏在慈禧的怀中。慈禧逗着猫，完全不理会跪在下面的几个人。

刚毅斜了荣禄一眼，再也憋不住了，便一口气将卡在喉咙里的话全放了出来："皇太后，朝里的事，您还不知道吧！"

"知道，不就是变法吗？"慈禧缓缓地抬起了头，瞥了刚毅一眼，漫不经心地说。

怀塔布抢先慌忙说道："皇太后，皇上正从全国网罗人，听说康党谭嗣同与梁启超就要进京了。"

"谭嗣同？"慈禧微微眯起眼睛，像是在记忆中搜索似的喃喃自语。

"不过是个小小的知府……"刚毅插嘴道。

"不！这个人可不是等闲之辈！"荣禄慌忙打断道。

慈禧听得有些不耐烦，起立转身向窗前条案上的鱼缸走去，边走边说："好了，好了！我没闲心管那么多事。年纪大了，我住到这个园子里来，就是图个清静。"随即，又稍微沉吟一下，像想起什么似的，突然转过身来，问道，"噢，我正想问你们，这个康有为是怎么跑到皇帝身边来的？"

荣禄与其余二人交换下眼色，道："就是翁同龢保荐的！"

怀塔布就势说："皇上变法的主意，都是翁同龢出的。"慈禧一抬手，怀塔布连忙闭口。

慈禧若有所思，向前走来，面对着荣禄说："荣禄，我上次问过你，你想进军机处，还是直隶总督？"

荣禄如丈二和尚，对于这突如其来的问题一时还摸不着头脑，选择沉默不语。

怀塔布慌忙补充道："荣大人要是任直隶总督兼北洋大臣，正可护卫皇太后和皇上。"

"嗯"。慈禧应道，便回到御座抱起猫，不停地抚摸着。

荣禄的嘴角边掠过一丝笑意……

没过多久，慈禧就在乐寿堂内召见了光绪皇帝，下旨罢免了翁同龢的官职，任荣禄为直隶总督兼北洋大臣。没有实权的光绪感到很绝望，要知道翁同龢已在他身边待了二十余年，对他来说失去翁同龢如同失去一只臂膀，但也只有无可奈何了。

在任寿殿内的御案桌前，静静地跪着康有为和翁同龢，光绪正在翻阅康有为的《日本变政考》。突然，他合上书，下意识地站了起来，离开御座向下走去。他苦笑一声，好似有一种无名的烦恼袭上了他的心头，"变法应当变人，网罗天下英才而用之，只可惜，少的是英才、贤才、干才！"说完，一声长叹。

康有为微微看了一眼光绪，立刻低声朗声说："中国当前人才不多，但还是有的，比如候补知府谭嗣同……"

走动的光绪停住了脚步，猛然回头追问："谭嗣同到京了没有？"

三

1898年8月21日，维新志士谭嗣同到达北京。9月5日，光绪皇帝在养心殿召见了谭嗣同。面对圣上，谭嗣同心中积郁多时的愤懑情绪爆发了，他慷慨陈词道："今日之中国，犹如一座将要倾覆的大厦，梁、柱、椽皆被蛀空，然而拆东补西、剜肉补疮是不行的，必须从根本上弃旧图新。"

光绪兴奋地站了起来："说得痛快！"

接着，谭嗣同从怀中掏出手帕，轻轻打开，将一块野菜饼子双手呈给了光绪，万分激动地说："皇上，这就是臣在河南所见到的千百万灾民的口粮，那里是哀鸿遍野，饿殍满地……"

光绪缓缓坐下，双眼紧盯着御案上干黑的破饼子，心情沉重地说："朕登基二十三年来，天下国家残破如此，上无以对列祖列宗，下无以对黎民百姓。"

随后，谭嗣同向光绪提出了裁除有名无实的官员，皇上亲任海陆军大元帅的建议。他还嘱咐皇上，行事要雷厉风行，朝纲独断。

光绪的目光炯炯有神，郑重表示："坚决不做亡国奴！"

就此，谭嗣同被光绪封为四品卿衔，参与维新大政。

光绪皇帝变法的决心和对维新派的信赖使谭嗣同非常感动，觉得实现自己抱负的机会已经在握。得到皇上的支持后，谭嗣同开始大刀阔斧地实行变法。在乾清宫内，他与数百名新旧大臣唇枪舌剑，争论变法事宜。年轻的革新志士们抓住礼部尚书怀塔布扣押主事王照奏请皇上游历东西各国的折子一事，来了个霹雳手段，以清除只拿俸禄不干实事的礼部庸臣。结果皇上准奏，下旨裁撤詹事府、光禄寺等六个衙门，罢免了阻塞言路、抗拒新政的怀塔布、许应骙等守旧官员。

新旧两派第一次交锋，维新派大获全胜。光绪皇帝依靠谭嗣同、康有为等人所表现出的变法图强的态度和决心，深深地刺激了以慈禧为首的封建专制势力。

面对光绪皇帝大行变法的做法，慈禧太后等人早有应对计划，他们准备在十月底光绪皇帝去天津检阅兵队时发动兵变，废黜光绪皇帝，一举扑灭新政。

变法正值鼎盛期，谁都没有想到，变故来得这样快。

谭嗣同的书房里，刘光第、林旭、梁启超等一直在不停地来回走动着，他们都是一副面色凄惶、神色焦虑的样子。门响了，只见谭嗣同疾步走了进来，大家纷纷迎了上去，用充满期待的眼神盯着谭嗣同。

"复生，怎么样？"康有为急忙问。

"皇上虽然回了宫，可是宫里已经进不去了，五天没有见到皇上了。"谭嗣同摇了摇头，坐到了椅子上，疑惑地说。

听了这话，大家的表情倏地紧张起来。就在这时，杨锐一阵风似的闯了进来，从怀中掏出了一个折子递给康有为，说道："这是皇上让张进喜带出来的，经三天才送到。"

康有为像捧起火炭一样，把折子打开，看一眼，脸色突变，立即把圣谕交给林旭。林旭开始宣读："朕惟时局艰难，非变法不能救中国……今朕位几不保，汝康有为、谭嗣同等……设法相救……特谕。"

读完，大家失声哭成一片。

谭嗣同怒目而视："死，早有准备，可绝不能这样白白等死！"说罢，起身同大家一起开始商讨营救皇上的办法。

窗外，黑压压的乌云已是遮天蔽日，伴随着阵阵强烈的风，树枝被吹得东摇西晃。不远处一阵阵轰隆隆的响雷滚滚而来,天阴阴的,预示着一场大雨的来临。屋内的空气不由得沉闷起来,谭嗣同正站在窗前仰面苦苦思索着,边上坐着的康有为只顾摇头晃脑,其余的人也都面如死灰。大家相互交换了眼色之后,只听见一声声无力的哀叹。忽然一声响雷滚来,伴随着一阵飓风掀开了紧闭的窗户,倚在窗旁的谭嗣同打了一个激灵,忙转过身来,斩钉截铁地说:"袁世凯!"

"袁世凯可是荣禄提拔上来的。"杨锐有点担心。

谭嗣同胸有成竹,上前一步,沉静而又激昂地说:"不对,袁世凯曾参加过保国会,研究过中国和外国强弱不同的原因,极力主张变法。并且皇上曾破格特别赏赐他兵部二品侍郎,就是为危机时刻能助皇上一臂之力。皇上有难,而他又没有掌握兵权,事到如今,万全之策我们是没有了,舍袁其谁?若成功,我们同四万万民众共生;失败,我谭嗣同愿第一个赴死!"说着,便从怀中取出一把亮晃晃的匕首,放在了桌上。

四

夜已很深了,在沉闷的空气的笼罩下,显得尤其寂静。忽然,一道刺眼的闪电划破了死寂的夜空,随之,便是一阵阵响亮的雷声滚滚而来,紧接着,哗啦啦的瓢泼大雨便倾泻直下。

空荡荡的街上,一辆湿漉漉的布篷骡车在法华寺门口停住了,谭嗣同撑着一把伞从车中走下,径直走进了法华寺。灰暗的灯光下,袁世凯正在聚精会神地写字。正在这时,仆人来报说有人前来拜访。袁世凯停下手中的笔,问道:"谁?"

话音还未落定,只见谭嗣同已收好了雨伞,站在书房门口,"谭嗣同!"

谭嗣同走到跟前,袁世凯这才看清,连忙招呼道:"哦,谭大人,来，请坐。"

由于两人突然会面，彼此都难免有些尴尬。仆人送上茶来，气氛才轻快了些许。谭嗣同斜眼看了一下站立在旁边的仆人，袁世凯心领神会，随手一挥，仆人便离开了。谭嗣同激情饱满地向袁世凯陈述了此次面见的事由，并表达了自己慷慨赴死的决心。对此，袁世凯表现出了甘愿赴死救援光绪皇帝，维护变法救国的坚决态度。他此时已是泪流满面，哽咽着声音，用极为诚恳的语气说道："如果我袁世凯有为皇上尽忠的机会，我愿赴汤蹈火，肝脑涂地，粉身碎骨，也在所不惜！我自幼就读圣贤之书，这'忠义'二字是懂得的，我一定竭尽全力，诛除奸贼，保护皇上！"

听了袁世凯这席话，谭嗣同很是高兴，应和道："匡复天下，重振朝纲，就靠袁大人只手回天！"

忽然，狂风大作，"哗"的一声窗子被吹开了，一道强烈的闪电倏地映射了进来，瞬即照亮了屋里的一切：一张布满杀气的白胖的圆脸暴露无遗，在雷雨的掩盖下变得越来越模糊。

其实，袁世凯早已确定了自己的立场，表面上支持维新变法，拥护光绪皇帝，实则还是依附了西太后慈禧，毕竟慈禧大权在握，兵力雄厚。如此这般，也只不过是逢场作戏罢了。为了自己的功名利禄，他说得头头是道，至情至理，伪装得可谓天衣无缝。

谭嗣同刚一走，袁世凯便忙叫仆人备马，连夜火速赶往火车站，去了直隶总督衙门，亲自面见了荣禄。但见荣禄满脸杀气，二话不说骑上马，一路飞奔，来到了颐和园。在六名提灯的太监的引领下，荣禄急匆匆地来到乐寿堂。此时，慈禧还未入睡，正焦灼难忍地来回踱着步。荣禄靠近慈禧悄声说了什么。片刻，只听得茶杯摔碎的声音，随之传来慈禧充满郁愤的尖利嗓音："备驾！回宫！"

"备驾，回宫。"太监们的传旨声划破了宁静的夜空。

已是拂晓之时，灰暗的天际曚曚眬眬泛出些淡淡的亮光来。在西直门大道，稀疏的丛林中弥漫着浓浓的雾气，天地之间白茫茫的一片，已分不清边际。远处，一队人马中间夹着一顶八抬大轿，匆匆忙忙地向东行去，穿过已显现出黑乎乎的轮廓的西直门，径直来到了身影已清晰可见的西华门城楼下。不多时，轿子进了宫。轿帘被掀开来，慈禧下了轿，在太监宫女的簇拥下，向养心殿行去。

此时，光绪还在桌前批阅奏折。忽然，张进喜慌忙进来，"皇上，皇太后回来了！"

光绪心中一惊，似乎意识到将要大难临头。他慌忙站起身来，穿上衣服，出门迎驾。

在乾清宫门前，慈禧的坐轿迎了过来，光绪慌忙跪下请安。慈禧恶狠狠地盯着光绪，冷哼一声，"我还死不了！"

光绪跪在地上，不敢抬头，浑身瑟瑟发抖。此时，他才真正意识到大事不好了。

慈禧气冲冲地回到乾清宫，大声喝令太监宫女将御案桌上的奏折、上谕、书籍等全都收拾起来。对于已是泪流满面的光绪的慷慨陈词，慈禧强烈反对，并且还步步逼近光绪，怒不可遏地大声斥责道："康有为、谭嗣同借变法维新之名，行犯上作乱之实，"她提高了嗓音，面色情绪激动，"他们要围攻颐和园，要杀你娘了，你知不知道？你说！"

光绪低叩着头，无言以对。

"这祖宗三百年的天下，就要断送在你手里了！"说完，慈禧怒气稍息，感到一阵心酸，竟落下泪来，"自你五岁进宫，我辛辛苦苦把你拉扯成人，把天下交给你，有什么对不起你的？居然还让谭嗣同杀我脑袋！你别做梦，我死了，你也活不到明天。明天把满朝老臣叫来，问问，有一个赞成你的吗？"

次日，慈禧便以光绪皇帝忙于新政，积劳成疾为由，坐上了皇帝的御座。最后，在她的心腹刚毅、荣禄等人的极力怂恿下，群臣一起附和："请皇太后训政！"

"现在皇上病重，你们下去要遍请京城中外名医进宫给皇上治病。至于训政的事，既然你们这么要求，只好暂且听你们的。"慈禧表现出一副无可奈何的神态，缓缓说道。

1989年9月23日，光绪皇帝被迫下旨，慈禧太后重新垂帘听政。这就是历史上著名的戊戌政变。

五

变法失败，在熙熙攘攘的大街上，一队队骑兵风驰而去，紧随其后的是奔跑着的整齐的清兵列队。满大街都是清兵在抓人。顿时，马蹄声、跑步声，还有小孩的哭声、人们的叫喊声混成一片，整个街面都沸腾了。

心知是袁世凯把他们卖了，谭嗣同脸色铁青，从怀里掏出那把匕首，咬牙切齿道："真可惜，那天晚上没……"他长叹一声，奋力地把匕首插在桌上。

没过几天，维新志士纷纷被捕。在日本友人的帮助下，梁启超和康有为亡命日本，谭嗣同断然谢绝了梁启超等人的诚恳相救，只把自己费尽心血所著的一本书交给了梁启超，希望他把书带到日本去，能让它刊行传世。谭嗣同决心以自己的鲜血来唤醒数万人民的爱国之心，他沉痛地说："各国变法都是有人流血才获得成功的，中国还没有人为变法流血，这正是我们这个民族所不能昌盛的原因！不有行者，无以继救国救民大业；不有死者，无以警惕庶民百姓！活着，是艰难的，由你们承担；死，是容易的，就从我谭嗣同开始！"

1898年6月28日，在北京菜市口刑场，乌云密布的天空下，人群熙攘，万头攒动。一声雷响之后，紧接着传来一声响亮的声音"肃——静"，顺着声音的方向，无数张脸齐刷刷地扭了过去。只见清兵把守的通道上，隐隐约约出现了由无数兵勇布成方阵围护着的六辆囚车，从宣武门方向正向这边缓缓驶来。谭嗣同站在囚车上，双手反绑，被捆在立柱上，上面插着一个招子——"战犯一名 谭嗣同"。他神色严峻，目视前方，毫无畏惧。

街上拥挤的人群大都带着敬畏的神情怔怔地看着，还有不少妇女偷偷地擦拭眼角的泪水。

"咚，咚，咚，咚"——监斩的炮声响了。

六把鬼头刀高高举起，观刑的百姓不忍看到这残忍的一刻，纷纷低下头。忽然，电闪雷鸣，狂风大作，遍地的黄沙被翻卷了起来，顿时，刑场上黄沙弥漫。谭嗣同的眉梢似乎有一丝欣慰的笑意掠过，他示意行刑人从自己的怀中拿出一样东西。那是一张中国地图。谭

嗣同看看地图，又努力睁大眼睛，仰面朝天，拼尽一生力气发出震天撼地的呐喊："有心杀贼，无力回天！死得其所，快哉快哉。"

　　乌云密布的天空，瓢泼大雨顷刻间泼洒了下来。"轰隆"的炮声在刑场上炸开。六把鬼头刀，刀光一闪。那张残破的中国地图上，谭嗣同的鲜血慢慢浸染开来，融进了地图，融进了中国大地。

影评选粹

人物传记·正剧·民族色彩

　　这是继《林则徐》之后成功的一部历史传记片之一。影片既真实地再现了那一段历史，又对历史进行了生动的概括，使历史的真实与艺术的真实融会贯通、水乳交融，充分显示了导演的艺术追求和艺术功力。

同时，在影片的样式上，它又是一部历史正剧，而不是历史悲剧。虽然它是悲剧的结尾，即谭嗣同等六君子英勇就义，但他们的死不是性格的悲剧，也不是个人命运的悲剧，而是一场严肃的、激烈的政治斗争的必然结果，是新、旧两派在当时历史变化下的产物。

戊戌变法是一次伟大的爱国救亡运动，也是近代史上第一次思想解放运动。它对于唤醒中国人民，对于腐朽没落的满清王朝的冲击，对于以后辛亥革命的爆发，产生了巨大的影响，在近代史上占有重要的地位。

特别是在戊戌变法中，产生了一大批以谭嗣同为代表的维新志士。他们抛头颅、洒热血，英勇牺牲；他们是民族的脊梁和英魂；他们的爱国主义献身精神将亘古不变、永世长存！

精彩回放

影片使用了对场景的渲染、人物心理的发掘以及细致入微的语言动作表情特写等，从侧面烘托出了鲜明的人物形象，使主题思想感情表达得更加生动、准确。

行刑的那天，在北京菜市口刑场，乌云密布的天空下，一张张麻木的面孔、一双双目光呆滞的眼睛、满脸杀气的刽子手、寒气逼人的鬼头刀、漫天飞卷的黄沙、妇女的哭泣声……营造出惨烈而又悲壮的氛围，这无疑凸显出了谭嗣同非比寻常的英雄气概。影片中，谭嗣同面对即将到来的死亡，表现出一副大义凛然、无所畏惧的神态，并且表现得很从容、淡定。他示意一名行刑人从他的内衣里掏出一张残破的中国地图，铺在自己的面前。这一细节，更加展现了谭嗣同深切的爱国情怀及甘愿为国抛头颅、洒热血的大无畏的崇高英雄品质。

当行刑的炮声打响时,谭嗣同的眉梢似乎还掠过一丝笑意,在漫天的风沙、雷雨下,他拼尽一生力气发出了震天撼地的呐喊:"有心杀贼,无力回天……"至此,他的报国情结和英雄气概完全得到升华,达到了最高峰。

秋瑾

> 我总在想,多少年来为革命牺牲的志士仁人不少,可其中竟没有一个女的,这是我们女界的羞耻。
>
> ——秋瑾

影片档案

出品:上海电影制片厂

编剧:黄宗江　谢　晋

导演:谢　晋

摄影:许　琦　张永正

作曲:葛　炎

主演:李秀明　陈希光　于是之

荣誉成就

荣获 1984 年第四届中国电影金鸡奖最佳男配角奖、最佳道具奖。

影片史料

秋瑾

秋瑾（1875—1907 年），字璿卿，号竞雄，别署鉴湖女侠，浙江山阴（今绍兴）人。1896 年（清光绪二十二年）奉父母命嫁湘潭富绅家。1904 年赴日留学，积极参加留日学生的革命活动，次年先后加入光复会和同盟会。1906 年为反对日本政府颁布《清国留学生取缔规则》而回国。1907 年 1 月在上海发刊《中国女报》，提倡女权，宣传革命。不久回绍兴主持大通学堂，联络金华、兰溪等地会党，组织光复军，与徐锡麟准备在浙江、安徽两省同时起义。7 月徐锡麟刺杀安徽巡抚恩铭，起义失败，清政府发觉皖浙间的联系，派军队包围大通学堂。秋瑾被捕不屈，15 日就义于绍兴轩亭口。

徐锡麟

徐锡麟（1873—1907 年），字伯荪，浙江绍兴人。1901 年任绍兴府学堂教师，1903 年以参观大阪博览会名义赴日本，在东京结识陶成章、龚宝铨，积极参加营救因反清入狱的章炳麟的活动。回国后在上海加入光复会，在绍兴创立大通学堂，规定入校学生均为光复会会员，参加兵操训练。为在清政府内部进行革命活动，捐资为道员，赴安徽任巡警处会办，兼任巡警学堂监督。1907 年，与秋瑾相约在安徽、浙江两省同时起义。同年 7 月，在安庆刺杀安徽巡抚恩铭，印发《光复军告示》，率巡警学堂学生攻占军械局，起义失败，被捕就义。

剧情故事

一

大少爷王廷钧在书房里，认真看着登载有"辛丑和约"新闻的报纸。屋子里坐着四五个客人，都是王廷钧的同僚和朋友。大家你一言我一语地谈论着刚刚签订的不平等合约，有的义愤填膺，有的怀有希望，有的保持观望。

一位友人觉得无聊，想要拿一份戏单，在满桌子翻检之后，戏单没找到，却看到一幅诗笺。仔细鉴别之后，发现是女人的笔迹。他当众朗诵起来：

北上联军八国众，
把我江山又赠送。
白鬼西来做警钟，
汉人惊破奴才梦。

听到这里，大家都大为意外，个个面面相觑、目瞪口呆。有人猜测此诗出自王廷钧的妻子秋瑾之手，王廷钧矢口否认。

正在这时，院子里走进来一位少妇，容貌秀美，清朗的眼神，给人一种英气勃勃的感觉。她就是秋瑾，这一年正好27岁。

书房里传出的吟诗声，让秋瑾不觉停了脚步，因为这正是她自己的新作《宝刀歌》。书房里充满不安的空气，《宝刀歌》像在人们的神经上扔了一颗炸弹。

大家表示烧掉这首诗。一句话提醒了王廷钧，他赶快俯身拿起水烟筒上的纸捻，吹旺了，就要烧诗稿。

秋瑾走进来，说："别烧，给我吧。"在场的人都回过身惊讶地看着她。秋瑾接过诗稿，从容地在桌上揉平了，继续说："这诗

是我写的。放心吧,连累不了大家!"

等友人走了之后,王廷钧怒气冲冲地对妻子说:"你这首诗是什么意思?你不是存心想要造反吗?传出去可是杀头的罪名!你也算是个大家闺秀,官家的太太,动不动就谈新学,论国事,还做出这样大逆不道的歪诗来,女人都像你这样,还成个什么章法!"

秋瑾用鄙夷的神色看了他一眼,说:"女人就不是人,就不许关心国家大事？那你们这些当官的，吃国家的俸禄，百姓的脂，又管了什么？去年八国联军在京城烧杀奸淫掳掠，无法无天，如今又订了丧权辱国的条约，你吭过一声气儿没有？"

王廷钧气得说不出一句话，他觉得和这么一个"有野心"的女人在一起实在危险，弄不好会被诛九族。而秋瑾也看透了这个待在深宅大院里的公子哥，他养尊处优惯了，只知道和一群胸无大志的人混在一起，过着声色犬马的生活。再这样和他一起走下去，未来的人生肯定暗淡无光。

经过深思熟虑，秋瑾毅然决定离开。她走到妆台边，似乎为了洗净铅华，抛却珠翠，对着镜子摘下三两件日常佩戴的首饰，然后拉起丫鬟秀蓉的手，放在她的掌心里。

秀蓉万般不舍，担心地说："太太，您真的去东洋吗？那小少爷和姑娘怎么办？"

秋瑾的心不由得揪了一下，是啊，她还有两个孩子。东渡日本的话，带着他们肯定不行，可是她又万般不舍。在踌躇了好一阵之后，秋瑾说："孩子王家会管的。"说完便整理自己的行李。

她知道，为了寻求救国救民的真理，她必须忍痛舍弃子女，为大家而舍小家。想到这里，秋瑾吐出一口气，她终于可以和过去的苦闷生活告别了。走到窗边，她欣喜地发现，远处苍白的天边闪现出一丝曙光。这更坚定了她东渡日本的决心。

来到东京之后，秋瑾一边在学校上课，一边和十几个留日同学聚在一起开会。在这里，凡是革命团体和集会，她都参加，从来不缺席。她还把自己的名字改成了竞雄，是女子中少见的人物。

秋瑾在日本的寓所更是洁净而素朴，几乎没有什么陈设。屋子里堆满了新书和刊物，其中有《民报》第一号，《白话报》《浙江潮》以及陈天华著的《猛回头》《警世钟》等等，很多书都堆在地上。

二

1905年11月,秋瑾的寓所来了两位客人,其中一位名叫徐锡麟。徐锡麟,字伯荪,时年33岁,但外表要比他的年龄显得苍老些。另一位是陈伯平,24岁,深沉坚毅,不苟言笑。

他们碰面之后,竟然一见如故。秋瑾说:"我到日本一年多,最痛快的是结识了不少革命党人,看清了世界大势。中国要在世界立国,就只有革命。要革命,就要有革命党。齐心协力,才能众志成城。"

之后,徐锡麟流露出回国的意图。在回国之前,他打算邀请秋瑾、陈伯平和陈天华聚一聚。秋瑾久仰陈天华的大名,得知即将相见,心中充满了期待。

等到了相约之日,四人终于聚在了一起,引吭高歌,以酒作伴,好不热闹。秋瑾也见到了仰慕已久的陈天华,心中极为满足。

在送徐锡麟回国之后不久,陈天华便带给秋瑾一个坏消息:日本要取缔大清帝国的留学生。他悲愤异常地说:"爱国要受限制,我们这些人,都成了亡国奴了!"

听到这里,秋瑾义愤填膺:"什么取缔留学生?说穿了,就是只许假维新,不许真革命,要我们服服帖帖当奴才的奴才!"陈伯平也激愤异常,说道:"我们要通知在东京的全体留学生,共商对策!"

在中国留学生会馆里,留学生全体大会正在如火如荼地进行着。礼堂里挤满了留学生,他们多数剃了发,剪着平头,穿着学生服;少数人为了安全,还留着辫子,但觉得拖在脑后又不雅观,只好盘在头上,用铜盆帽或学生帽掩盖起来。

会场上挂着一个横幅,写着"誓死反对取缔清朝留日学生规则"的字样。这个横幅下面,大家讨论得热火朝天。此时,会议已经进行到高潮,激烈派与和平派在会上形成对垒,秩序相当混乱。

秋瑾举起摇铃,大喊"肃静",但没有什么效果。这时,陈天华激动地从自己的座位上站起来,说:"我们今天开会,不是为了争主权、争自由吗?谁不知道日本人侵吞我国的野心,列强瓜分中国的阴谋?只要我们万众一心,奋发自强,谁敢动我们一根手指?倘若我们自己不争气,那我们就要不亡而自亡!"

会场上一片静寂,有一种万木无声待雨来的景象。陈天华接着说:"中国人不是洋人说的劣等民族,我们不能自取其辱,叫外人耻笑!"

紧接着,秋瑾也坚决地说道:"我提议,组织敢死队,先到公使馆交涉。"许多人都表示赞同,陈伯平也要求参加,并推举秋瑾做敢死队队长。秋瑾说:"好,我不推辞。"随后从身上抽出雪亮的匕首,说:"我发誓:头可断,志不可屈!"猛然间,匕首插在了桌子上。

一天，陈天华在街上遇见秋瑾，语气沉重地说："梁启超写了意见书了，他说取缔留学生规则，并没有侮辱中国的意思。还说罢课是错误的。他完全是代表了日本政府的立场。看见意见书的人都很气愤，但也有不少人中毒，据说，已经有人公开主张复课。万一团结破裂，那就不可收拾了。"

秋瑾听后并没有悲观，而是安慰陈天华说："你不要太悲观了，日本人中也有同情我们的朋友啊！"之后，他们一块来到秋瑾家。秋瑾也感慨万千地说："这个梁启超，当年我好不敬仰，谭嗣同真是白白地流了血了。"

陈天华说："不能那么说，他激励了后人、来者。"接着，他模仿谭嗣同的口气吟诵道："我自横刀向天笑——"秋瑾若有所思，说："还是你说得对，他留下了火种，点燃了我们的心胸。"

接着，秋瑾若有所思地说："天华兄，你再写一部新的《警示钟》，震撼一下我们留学生的灵魂吧！"陈天华犹疑地问道："我能做一口钟吗？"秋瑾不假思索地说："能！我在大海的彼岸就听到过你的钟声。"

陈天华久久地看着秋瑾，十分沉痛，最后，他说了句"我去矣"。秋瑾没有完全明白他的意思，只是目送着他。秋瑾完全没有想到，此次见面竟成永诀。

第二天清晨，一名留学生急匆匆地向秋瑾奔来，对她说："陈天华自杀了！"秋瑾顿时呆住，随后和留学生一起来到陈放陈天华遗体的房间。秋瑾流着泪看完了陈天华留下的一封绝命书，合上了陈天华睁着的双眼。

为了凭吊殉国的战友，秋瑾来到海边，她望着天空默默说道："大家团结一致，奋死力争，使得日本政府搁置了取缔留学生一案，我们是胜利了。但是，在此难有作为。祖国在召唤我！天华，你也漂洋过海，回归故土吧。"然后趁着风势，秋瑾把凭吊陈天华的三首诗抛下海去。

在离开日本的前几日，秋瑾女扮男装，求见了当时任同盟会总理的孙中山先生。孙中山委托秋瑾把光复会、同盟会和国内外的革命工作协调在一起，并委任秋瑾为同盟会浙江省的主盟人。秋瑾表示定不负重托。

三

1905年，秋瑾回到了国内，好友吴芝瑛和徐寄尘一同来迎接她。在征得吴芝瑛的同意后，秋瑾打算创办《中国女报》，向二万万女同胞宣扬革命。这个提法得到了吴芝瑛的肯定和支持，并表示尽全力帮助解决经费问题。但这个过程并不轻松。正在骑虎难下之时，徐寄尘把自己的田产卖掉，拿出两千块钱来，表示全力支持秋瑾做女报，秋瑾感激得无以复加。

徐锡麟和陈伯平回到国内以后，拜访了当时绍兴府有名的秀才强盗王金发。王金发中等身材，长圆脸，相当秀气。但浑身精力饱满，非常结实，像一颗炮弹。

看到陈伯平头上缠着白色的绷带，王金发很奇怪。徐锡麟解释说："半个月前造炸药，差点送了命。"王金发恍然大悟，说："玩儿炸药的就是你？"陈伯平笑着点点头。

徐锡麟说："我有个亲戚和安徽巡抚是至交，我已经捐了官，这样就可以打进巡抚衙门。"王金发听后，犹疑地说："那浙江的大事谁来主持？"徐锡麟回说："蔡元培等几位首领经过商议，想派秋瑾同志主持浙江的大事。"

谈起秋瑾，王金发也认识，但对她的印象仅限于一个妇人，现在听说她将主持浙江的大事，表现得很是不屑。徐锡麟看出他心中所想，对他说道："秋瑾的胆识、才干不在你我之下。"

几天后，徐锡麟来拜访秋瑾，说打算去安徽做官，并在那里打开一个局面，打算让秋瑾在绍兴主持事务。徐锡麟还给秋瑾带来一个好消息，江西、湖南两省不久将要有一番举动，萍浏醴正在策划起义，声势浩大，参加的人马已经有五万多。

秋瑾听了之后万分惊喜，兴奋地站起来走了两步，说："太好了，那各省的革命同志应该商议一下，也好到时候彼此接应。等到萍浏醴起义之后，全国各地都能闻风响应……"她一边神采飞扬地比划着，一边兴奋地设想，"回绍兴正合我意，孙中山先生也希望我回去呢！"说完，她和徐锡麟就开始了革命的计划。

几天后，秋瑾回到绍兴，拜会了当时的绍兴知府贵福。贵福是个阳奉阴违的人，表面上支持秋瑾在绍兴兴办大通学堂，但背地里却是个十足的封建官僚。他反对革命，效忠没落的清政府。

秋瑾被蒙在鼓里，一直把贵福视为前辈、老师，她毫不忌讳地把兴办大通学堂的计划告诉给了贵福，还请求贵福担任大通学堂的董事。贵福当然很爽快地答应了。

之后，秋瑾请贵福和随同的几位大人一同观看了学生们的操练。在操场上，学生们唱的一首《我有宝刀真锋利》透露出了革命的信息，贵福从中看出了端倪。后来，贵福又从一个官员那里得知秋瑾和徐锡麟联络密切，这使他更坚定地认为秋瑾是革命党。

绍兴会稽山门外的大禹陵景色壮丽，环境僻静。禹王庙大殿的一角，秋瑾、徐锡麟、陈伯平、程毅、王金发等人正在开会。

徐锡麟压低了声音说："我和伯平到安徽以后，活动还算顺手，巡抚恩铭也很看重我。不过，外面风风雨雨，传闻不少，这里大通学堂招兵买马的消息也传到了安徽。有一次，恩铭就当面问我：'有人说你是革命党，你是吗？'我当时沉住气，回答了四个字：'大帅明鉴。'恩铭说：'那你好好干吧。'"

听到这里，在座的人哈哈大笑。秋瑾拿出一份地图来说："我们要在安徽、浙江同时高举义旗，双管齐下，一举定夺东南，这样就可以左右大局！"大家都站起来，赞成地看着秋瑾。会后，徐锡麟打算连夜赶回安徽，秋瑾和他作了最后的告别。徐锡麟把绍兴的事务都交托给了秋瑾，秋瑾表示不负重托。

之后，秋瑾仿佛意识到自己将赴国难，便向吴芝瑛、徐寄尘作了最后的告别。两人都苦劝秋瑾不要做这样的傻事，但秋瑾去意已决，她无不悲凉地说："我总在想，多少年来为革命牺牲的志士仁人不少，可其中竟没有一个女的，这是我们女界的羞耻。"说完，哀叹了一声。最后，秋瑾把母亲唯一留下来的手镯赠与了徐寄尘。

深夜，贵福求见了浙江省巡抚张曾扬，并对他说："大通学堂的秋瑾的确是个女革命党，她勾结王金发等同党密谋在六月初十起事。"张曾扬听了很惊讶，说："有这等事？"

这时，一个掌文案的幕僚推门而入，慌慌张张地送上一份电报。张曾扬戴上眼镜看电报，突然眼睛睁得滚圆。只见电报上写着："杭州张抚台：急密。乱党徐锡麟于皖枪伤恩抚，据查绍兴大通学堂秋瑾，系徐逆同党，请即查拿。"张曾扬再也坐不住了，用力地捶了一下桌子。

大通学堂河楼后面，有一只脚划船刚靠埠道，打开船篷，化装成农民模样的王金发跳上岸。他急冲冲地闯进河楼，一直走到秋瑾的书桌边坐下来，痛苦地说："安徽完了！"

说完，王金发哭着从兜里拿出一张报纸。秋瑾看到了不好的消息：徐锡麟行刺恩铭后被捉拿，最后被剖心而死，陈伯平也牺牲了。

秋瑾看完报，慢慢垂下手。一股悲愤之情涌上心头，她默默地流着泪，许久不动。王金发说："大势已去，你快走，我保护你！"秋瑾回说："不，你走，你去通知各个山头立即转移营地，积蓄力量。我来收拾残局。"随后，秋瑾将花名册与陈天华所赠倭刀交给王金发，要他保存实力。王金发洒泪而去。

深夜时分，杭州新军第一标标统李益智用指挥刀狠狠地一挥，一群穿着新式军装的洋枪队乱放着枪。他们和一群拿着长矛短刀的旧式兵勇，向大通学堂门口包围上去。秋瑾并没有做任何反抗，清军轻而易举地逮捕了她。

在绍兴知府衙门公堂里，正中间坐着贵福。他双眼圆睁，神情严肃。在堂下，狱卒押着秋瑾走进来。贵福咬牙切齿地说："秋瑾，你勾结会党密谋叛乱的事情，本府已经查有实据，你要一一从实招供。"

秋瑾轻轻冷笑了一声，说："没有什么可以招供的。"旁边一个官员插嘴道："秋瑾，你总可以讲讲跟哪些人来往，也可以少受些皮肉之苦啊。"

秋瑾笑道："我和什么人有来有往，你们大都已经知道。"说着，秋瑾紧紧盯着贵福说："在清廷官员里，唯独只有贵福！"贵福气得立刻站起来，拂袖而去，大堂上响起"退堂"的声音。

正在贵福大发雷霆的时候，秋瑾的丈夫王廷钧赶来求见。王廷钧向贵福求情，希望贵福可以酌情减刑。贵福也希望可以收买秋瑾，便答应只要秋瑾招供，就饶其不死。王廷钧听后，赶忙让秋瑾以前的贴身丫鬟秀蓉去牢中规劝秋瑾招供。

秀蓉来到狱中，看到秋瑾面对着墙壁，她喊了一声："小姐！"秋瑾回过头来，一看是曾经的丫鬟，很是惊讶，但随后她又镇定地说："他现在又让你来干什么？"秀蓉回说："老爷请您回家。"秋瑾茫然地说："家？什么家？"

秀蓉跪下说："两个孩子，哥哥和妹妹都盼您呢！"秋瑾若有所思地说："再回去，我又何必当初？四年前，我洗净铅华，抛离子女，所为何来？"秀蓉似懂非懂，秋瑾叹了口气。最后，秋瑾把自己的儿女托付给了秀蓉。秀蓉的求情终究是杯水车薪，并不能保全秋瑾。

在监狱的甬道上，出现了一簇簇火光，一队士兵打着灯笼，列队而来。他们都拿着武器，如临大敌。

在里面牢房里，秋瑾镇定地侧过头来，听着外面的声音。她拢一拢头发，整一整衣服，举起双手，让前来的官兵带上镣铐，沉稳地向监房外走去。

闹市中的一个丁字街口，当时的天漆黑一片，人们都还在睡梦中。一个差役端着一盆酒食，送到秋瑾面前。秋瑾平静地摇了摇头。差役默然退去，脸上透露出同情与钦佩之色。

刑场上肃静无声，兵勇们用异样的眼神看着秋瑾，有同情，有钦佩，也不知不觉地有些震动和惊讶。紧张的沉默延续了很久。衙役拿起一支笔，一张供状，走向秋瑾。秋瑾提起笔，略微一想，在供状上龙飞凤舞地写下几个字：

秋雨秋风愁煞人。

监斩官皱着眉头看了看供状，做手势吩咐行刑。两个衙役替秋瑾除了手铐，并插上绑牌。秋瑾行若无事，昂然地走向刑场的中心。刽子手站在秋瑾身边，举起刀。当他碰上秋瑾有力的眼光的时候，双手不禁瑟瑟地颤抖起来。

天光破晓，一只雄鸡引颈长鸣。黎明的山道上，一片如绣的山川田野，正在熹微的晨光中醒来，鸡唱此起彼伏地响应。在这庄严曼妙的画面上，叠印出秋瑾神采焕发的面容。

影评选粹

崇高·悲剧

这部影片以秋瑾的斗争足迹为线索，表现了她苦苦探寻救国救民真理、矢志献身民主革命的崇高精神。在中华民族存亡的危急关头，一个深居简出的世家女子，能离别高堂儿女，冲破家庭和舆论的藩篱，飘洋过海，寻求救国良策，终至抛头颅、洒热血，这是多么崇高的精神！所以，编导者在整部影片里都在表现秋瑾是一个女革命家的形象——不断追求真理，追求民主，追求自由，追求进步，不断地觉醒前进。

影片通过设置一系列矛盾冲突，刻画了秋瑾在那凄风苦雨年代里的孤寂、悲愤的心境，揭示了她的丰富而复杂的内心世界。从最初的"洗净铅华、抛却珠翠"，到后来失去挚友的痛楚，再到最后"秋风秋雨愁煞人"的感怀，都深入而细致地展现了秋瑾内心世界变化发展的历程。从整个历程上看，秋瑾是个悲剧，她的悲剧不仅是其个人的悲剧，更是资产阶级民主革命的悲剧，也是那个时代的悲剧。正如导演谢晋在影片中所要诉求的那样：《秋瑾》是个悲剧，是"时代和命运的悲剧"。秋瑾所处的时代，很多文章都用"凄风苦雨"来形容。她最后就义也落笔在"秋风秋雨愁煞人"上。我们必须探索今天在银幕上展示清朝末年这个时代和秋瑾个人的命运有什么现实意义，我们必须开掘蕴藏在秋瑾命运、事件、行动中间的深刻意义，要从秋瑾的命运变化和精神历程中折射出大的时代命运，要把大的时代背景同深刻细致的内心世界、人物性格结合起来。秋瑾的孤寂和悲

哀不仅表现在家庭生活中，同时还表现在她与知己吴芝瑛的关系上。像吴芝瑛这样的革命同路人，竟然也不能理解秋瑾，这使秋瑾更感到痛苦和孤寂。后来，秋瑾虽然找到了陈天华、徐锡麟等志同道合的人，但时隔不久，陈天华跳海自杀，徐锡麟、陈伯平相继牺牲。这更让她在精神上感到无限寂寞，无限悲愤。在临刑前，她怀着对革命失败的遗憾，对祖国前途的担忧，对清政府的控诉，写下了"秋风秋雨愁煞人"的诗句，令人扼腕，令人心碎！

虽然，秋瑾所处的时代已经一去不复返，但秋瑾那种忧国忧民、为革命事业献身的爱国主义精神永远值得我们学习和颂扬。

海囚

　　这些普普通通的老百姓，无限热爱自己的祖国，为了维护民族的尊严，同洋人殊死搏斗，不怕砍头，不怕喂鲨鱼，以死相拼，反抗压迫，悲壮义愤，可歌可泣。

　　——李文化《谈影片〈海囚〉的导演处理》

影片档案

　　出品：北京电影制片厂
　　编剧：洪永宏　高振河　李文化
　　导演：李文化
　　摄影：马林发　任志新
　　主演：达　奇　张连文　马树超

荣誉成就

　　这部以帝国主义国家贩卖华工为背景的历史题材故事片，由北京电影制片厂于1981年拍摄完成。影片上映后在全国引起强烈反响，成为风靡一时的彩色宽银幕故事片。《海囚》以独特的思想艺术成就在全国观众中掀起了爱国主义热潮。

影片史料

　　鸦片战争之后，帝国主义列强的坚船利炮打开了中国的大门，中国逐渐沦为半殖民地半封建社会。贩运"华工"的行径在中国的东南沿海开始盛行起来。洋人、买办、封建统治者之间相互勾结，把沿海一带的老百姓当作"猪仔"大批贩卖到异国他乡当苦力。

"猪仔馆"和"浮动地狱"

　　19世纪后半期，为"开发"太平洋诸岛、澳洲和美洲等地，西方殖民者急需大批廉价劳动力，为此，他们把黑手伸向中国，干起掠夺和贩卖"华工"的罪恶勾当。仅1861年到1872年，经由香港载运出去的"华工"就有将近2.8万人，其中还包括958名儿童。而到了19世纪70年代，被殖民者贩运的"华工"总数竟激增至50万余人。

　　西方殖民者在澳门、香港等地设立了许多招工馆，也被称为"猪仔馆"，仅澳门一地到1870年就设有300多个。西方殖民者搜罗了一批盗贼、翻译和地痞作为招工代理人，俗称"猪仔头"。他们利用各种卑劣肮脏的手段把东南沿海的男女老少拐骗到招工馆。

　　受骗的"华工"被拉上船，由全副武装的人员押运。船舱狭小，令人窒息，人只能屈膝而坐，饮水、饭食供应不足，常常会被饿死、

渴死，若有疾病则会被抛入大海。这种船只就是所谓的"浮动地狱"。

哪里有压迫哪里就有反抗，没有一艘载运"华工"的船不发生一次或一次以上暴动的。这种暴动充分显示出"华工"不屈不挠的斗争精神。

剧情故事

一

清咸丰二年（1852年）的夏天，一艘英国商船"飞鲨"号，从印度加尔各答驶行到海南岛东面的七洲洋。甲板上站着两个洋人：船长汤姆生和走私贩子泰勒。

"左前方海面上发现几个黑点，汤姆生船长。"值班舵手报告说。"噢！"汤姆生拿起胸前的望远镜，观察了一下，说："没什么，就几具浮尸。""浮尸？"泰勒问。"您看看吧！"汤姆生把望远镜递给他。泰勒透过望远镜看了一会儿，说："是浮尸，而且全是华人。"

"偏左二度！"汤姆生下令道。"偏左二度。"舵手转动舵盘，高声回复。"为什么要这样？"泰勒有点奇怪。"我想再试一试'飞鲨'号航行的准确性。"汤姆生说着，走进舵房，接过舵盘。飞鲨号顺风鼓帆，在波涛汹涌的海面上劈开一条白色的水道，对准七具浮尸直砍过来。汤姆生和泰勒互相对视一下，仰天狂笑。两人是奉了威廉爵士之命，去向英国驻厦门总领事查理士递交一封密信。

厦门建南行的商船"远宁"号归航经过七洲洋。站在船后舵位上的船长唐金龙发现海面上有几具浮尸，立即吩咐水手唐金德、吴添水等人放下舢板，随他一起去打捞浮尸。他们用绳子把浮尸绑着，摇划舢板，靠上乌猪山，然后把一具具浮尸抬上海滩。这七具浮尸中，有一具是洋人，筋骨、脊骨多处断折，好像是刚受到猛烈撞击留下的新伤；另外六具是中国人，身上不仅伤痕累累，而且都有一些部位被火烧灼。当他们把最后一具浮尸翻过身来仰放在沙滩上时，那具浮尸竟然流出了暗红的鼻血。

突然间"哇"的一声，吴添水捧起那浮尸的头，放声大哭，"阿哥啊，你怎么死得这般惨啊……"唐金龙和其他两个水手仔细一看，哎呀，果然是吴添水那个卖圆仔汤的哥哥。听说他是上个月在厦门失踪的，怎么会惨死在这七洲洋海面上？大家心里又惊讶又难过，眼泪不禁夺眶而出。吴添水哀恸地，哭了好一会儿。忽然，唐金龙好似听到旁边另一具浮尸鼓胀的肚子里发出了响声。他俯下身仔细一听，果真不错，再仔细一看，这具浮尸紧咬牙根，眼珠还没翻白，似乎是刚断气不久。唐金龙连忙跨过浮尸身体，两膝跪在地上，握住浮尸双手，上下左右转动。不一会儿，那浮尸的肚子叽哩咕噜直响，但就是吐不出水。金龙赶紧用嘴巴贴着浮尸的鼻子，猛吸几口，然后往浮尸的嘴里直吹长气。约莫半柱香的光景，那浮尸胸脯开始上下起伏，接着连吐了几大口，溅得金龙满脸、满身都是脏水。

经过金龙的精心救治，这具浮尸终于苏醒过来了。他一睁开眼睛，看到金龙的脸，两串泪水一下子涌出了眼眶。唐金龙长长地舒了一口气，眼里闪烁着欣喜的泪花。他替这个落难的同胞整理好凌乱的头发，给伤口涂上药，拿出一套干净的衣服给他换上。这落难的人吃过两碗粥，一句话也没说，就在金龙的铺位上沉沉地睡去。

到了吃饭的时候，这个被救活的人显得很兴奋，眼睛直眨巴。他把金龙送来的饭菜狼吞虎咽地吃个精光，还一直舔着舌头。金龙赶紧又送来一份饭菜，他也很快地吃光了。吃饱饭后，他晃了晃脑袋，喘了喘大气，就发起疯来。先是嘴里喃喃有词，接着仰天狂笑，笑声又尖厉又响亮，把舱面上的水手都引来了。当舱房门口围满人的时候，他突然跳了起来，大声喊道："通通烧死啰！通通烧死啰！"然后把站在门口的人拨开，一下冲到船舷边，就要往海里跳。唐金龙飞步追了上去，一把拉住他，喝道："回来！"他回过头，看到金龙那关切而又难过的神情，不敢再闹，就老老实实地跟着金龙回舱房。

"远宁"号连续几天顺风顺水，很快回到了厦门。唐金龙叮嘱水手唐金德和吴添水照看好疯子，自己回家去取药替疯子治病。谁知，唐金德和吴添水一时疏忽，让疯子跑上了岸。等他们追上岸后，疯子已经钻进街巷里。"糟了，疯子不见了，这可怎么向金龙哥交代？"唐金德和吴添水十分焦急，他们俩一路上注视着每一个行人。忽然，疯子从典宝巷口蹿了出来，两个人赶紧追了过去，边追边喊道："疯子，别跑了，别跑了！"可疯子不理睬他们，还是一个劲儿往街巷里乱钻，而且跑得很快。他们一直追到仙人石附近潘厝街外的一间瓦屋门前，才把疯子追上。

"疯子，快回去！"唐金德和吴添水分别抓着疯子的左、右手，气喘吁吁地说。疯子跑到一家门口，一动也不动。"疯子，回去吧，金龙哥到他家拿药要给你治病治伤,咱们快回去吧!"唐金德和吴添水一再恳求。可是任凭他们怎么求怎么说,疯子就是不肯跟他们走。两个人急了,用力把他的手臂往后扭,想把他强押回船。疯子一痛,又发起疯来了。他仰天狂笑,连声狂呼,接着就拼命挣扎。

正当两个水手和疯子扭成一团的时候,突然从瓦屋里奔出三个人。为首那妇女喊着"元坤啊",另一个大汉喊着"元坤哥",还有一个姑娘喊着"姐夫"。他们同时冲向疯子,那妇女抢先扑了过来,把疯子紧紧抱住。"什么?"唐金德和吴添水全愣住了。那个汉子对着唐金德、吴添水大怒道:"啊,元坤哥原来是被你们抓去的呀!"说着,抢起一根棍子,朝他们砸去。"别胡说!"二人忙说,"我们是'远宁'号上的,他是我们从海上救起来的。"

一听到是"远宁"号上的,大汉更是火冒万丈,恶狠狠地骂道:"好啊,狗养的唐姓人,你们果然不死心,又干出这卑鄙凶残的勾当。"他边骂边朝两个水手猛打过去。那妇女显然是害怕再出事,连忙跑上前拦住大汉,说:"火狮弟,别打了!你元坤哥回来就好了!"唐金德和吴添水碰到这意外的情况,不敢逗留,他们怀着满腹疑惑,丢下疯子,匆匆地跑回"远宁"号。

那疯子就是潘厝街外这间瓦屋的主人,名叫潘元坤。那妇女是他的妻子乔玉兰,那大汉是他的堂弟潘火狮,那姑娘是他的妻妹乔玉桂。

二

"飞鲨"号抵达厦门后,汤姆生、泰勒向查理士递上威廉的密信。信内说,澳洲南部发现一个金矿,要查理士在半个月之内招齐五百名契约华工,由"飞鲨"号运往悉尼。日子短,人数多,查理士面露难色。他转念一想,命人去把盛记洋行买办潘汝非叫来。不一会儿,潘汝非来了。寒暄之后,查理士把事由一说,潘汝非一愣,说:"大领事,今年从厦门启运的华工已有六千名,超过了去年和前年的总和,这次……"

查理士递上一杯酒,说:"潘先生,你是去年杨买办得暴病死后才顶上去的吧!他怎么死得这么突然?"潘汝非脸色煞白,"这事我尽力去办,请您和同知大人疏通疏通。"查理士随即把一封信递给潘汝非说:"请您交给同知大人,官府每次都有一份好处的。这次每口二十元,另外再给您一笔佣金。"潘汝非接过信,鞠躬说:"从明天开始,请大人派人到苦力站点收苦力。"

当天晚上,潘汝非带着礼物来到潘元坤家。他见潘元坤疯成这样,挑唆说:"是谁干的?这伤天害理的勾当,把元坤糟蹋成这个样子!"

潘火狮暴怒说:"都是姓唐的人干的!"乔玉兰叫他不要错怪好人,说这药就是唐金龙给的。潘汝非脸一沉说:"我看你这话来路不正。别忘了,咱们潘姓和唐姓是世仇,元坤不是他们害的又是谁?"这一说,潘火狮更来火了,说:"汝非叔,我跟姓唐的人拼了!"他抄起一把斧子,就往门外跑。潘汝非喝住他:"火狮,这笔账是要算的,但眼下要先把元坤的病治好,你跟我到洋行找个洋医生来。"

乔玉兰扶着丈夫送潘汝非二人出巷口。刚要回屋,突然,背后蹿出一个蒙面大汉,抡起木棍将他们打昏在地。蒙面人扛起潘元坤,疾步而去,很快就消失在夜幕里。

此时,在酒店里的潘火狮与潘阿炳、潘阿森等人嚷着要去砸烂建南行,讨还潘元坤。潘汝非听了,得意地呷着酒。

黄昏时分,酒楼老板娘姚杏春见唐金龙从海边走来,上前问他到哪里去。唐金龙冷漠地说:"干什么?我去建南行。"姚杏春急忙说:"你千万不能去!昨晚元坤又被人抓走了,他们说是你抓的,要去那儿讨人。"唐金龙讥讽地一笑,看着姚杏春说:"老板娘,是不是昨晚潘汝非在枕头边给你吹的风？"说完转身就走。姚杏春心一颤，心酸的泪水不住地流。

当天夜里，潘姓十几个弟兄被人绑走了。潘火狮连忙去向潘汝非禀报。潘汝非一听，勃然大怒道："你去给我把失踪的弟兄找回来，少一个找你算账！"

潘火狮额上青筋暴起，说："族长，我豁出命跟姓唐的拼了！"潘汝非拍着他的肩膀，竖起右手大拇指说："好样的，这才不愧是咱们潘家的子孙！不单是你一个人去拼，咱们潘家全族都要跟他们拼个你死我活！明晚到祠堂祭祖盟誓，找唐姓人算账。"

第二天晚上，几百名族丁气势汹汹地朝建南行奔去。建南行得到消息后，也作了迎战准备。唐金龙率40人守正门，吴添水领60人守后门；唐金德和唐守明带80人埋伏在唐氏祠堂里，听响箭为号，从背后杀出，夹击潘姓队伍。

建南行门前，潘汝庆领头叫骂，见里面毫无动静，正要指挥众人砸门。突然，大门打开了，唐金龙手持祖传七星宝剑，挺身出门。唐金龙大声说道："姓潘的听着，潘元坤是我们救的，这次失踪与我唐家毫不相干。昨晚你们遭人袭击，也不是唐家干的。"

潘火狮不听，使劲劈开唐金龙的七星剑，潘姓家丁也都杀上来。突然，唐金龙收住剑，闪进大门。这下潘姓人被激怒了。潘汝非高叫道："火狮，砸门！"自己则带着一部分人，去攻打建南行的后门。

由于后门防卫不严，门被攻开了。埋伏在祠堂里救援的那部分人又遭到伏击。转眼间，唐姓族丁死伤、被绑走大半。唐其昌、唐金龙撤到唐家大院，那里哭声四起。唐其昌看着遭难的族亲，仰天痛苦说："想不到先父艰难创立的家业，一夕之间毁于无谓的械斗。苍天啊！我唐姓何罪？竟遭此浩劫！"唐金龙泪水盈眶，强压住怒火，拱手说了声："其昌叔，你先歇会儿。"转身走出大院。唐金龙冲进潘厝街，杀死了不少潘姓家丁，自己也受了伤。他跳进一家院墙，就昏迷过去。

唐金龙醒来时，发现自己睡在一张床上，身旁却是姚杏春守着。唐金龙一见姚杏春，不由升起一股怒火，不经思考便对姚杏春恶言相向。姚杏春听到唐金龙的辱骂，心中万分委屈，边哭边向唐金龙解释自己如何救了他，并诉说了自己的悲惨身世。唐金龙听后很是愧疚，但不等他二人多说，潘汝庆、张天乙带着一帮人闯进来，说："好啊！你这个杀人犯，跑到这里来了！给我绑起来！"姚杏春挺身护住唐金龙。潘汝庆拔刀要杀姚杏春。姚杏春死死拉住唐金龙，不让他们将唐金龙带走。潘汝庆凶狠地挥刀砍断她的右手。姚杏春惨叫一声喊着"金龙哥"晕倒在地。

之后，张天乙回到了住处，想起这几天的情景：从绑走潘元坤到斩伤姚杏春，又捉住了唐金龙……他深觉自己罪孽深重，不禁高喊："我受不了啦！黑货我不打了，黑钱我不赚了！"这时，潘汝非进来催说："今天是八月初一，你立下的军令状今晚就到期了，可十头'猪仔'，你才交了九头啊！"张天乙发愣着没好气地说："我今天身体不好，只要你们给九个人的钱就是了。"潘汝非冷笑道："我说天乙，合约上写得清清楚楚，没按期交足，一笔勾销。你一向最讲信用，这又是给洋人办事，可不好惹啊！"张天乙无可奈何，默许了。

晚上，张天乙躲在一棵大榕树后窥探动静。不一会儿，有一个人走来，他正想蹿上去，见是个身材高大的庄稼汉，还带着根大扁担，就缩了回去。过了一会儿，一个瘦小的乡下人，提了一只竹篮走来。张天乙等他走近，迅速从身后一棒打在他头上。那人应声倒下。张天乙利索地将那人装进布袋，挟在腋下，左手提起装着一只卤鸭、一老酒的竹篮，迅速朝苦力站奔去。

苦力站里，潘汝非正陪着泰勒点收"猪仔"。每进一个苦力，泰勒就喝令扒去上衣，在赤裸的胸前敲上印记号码，拖进地牢。张天乙来到苦力站，将布袋扔在地上。泰勒喊道："216号！"二人应声上前，将布袋抬走。潘汝非把一叠银元点给张天乙。张天乙数也不数，装进衣袋，转身就走。

三天以后，张天乙已经下定决心弃恶从善，回老家和老婆孩子老实过日子。刚要出门，迎面走来一个衣衫破旧的乡下妇女。张天乙一看，是自己的老婆陈氏。

张天乙将妻子让进屋里，急切地询问家里的情况。陈氏说："娘病在床上，大口大口地吐血。家乡连年遭灾，我实在熬不下去了。"边哭着说边不停地咳嗽。张天乙心里一酸说："怎么，你也病了？为什么不早叫小碰来找我？"陈氏一惊说："小碰他没来？"

张天乙着急地追问："你什么时候叫他来找我的？"

"八月初一啊！""你让他带了些什么东西？""带了一只卤鸭，一坛老酒，放在小竹篮里。"

那天抓的最后一头"猪仔"竟是自己的儿子！

张天乙犹遭五雷轰顶，热泪横流，双手使劲地捶打胸脯，嘶哑着声音，哀声说道："报应啊！罪孽啊！"

这天夜里，华工们被反绑着手，由武装水兵押上驳船。张天乙潜伏在驳船附近，借着依稀的星光，辨认着每一个走过去的苦力。他决心救回自己的独生子。

突然，一个瘦小的身影出现了，还不停地仰天高呼着"爸爸，妈妈"。张天乙从腰间拔出匕首，套上鬼脸，拉开汽罐塞子，朝儿子直冲过去。洋人们看到这个怪物，一个个吓得魂不附体。父子俩刚走出石缝，就给泰勒包围住了。张天乙寡不敌众，也落入了虎口。

半个月的限期到了，潘汝非和泰勒兴冲冲地去向查理士交差。在领事馆里，帮助看管苦力的潘火狮忙迎上前去。查理士敷衍了几句，讪笑说："潘先生，你对违反约定，不能按期交足苦力的人，是怎么处置的？"

潘汝非谦卑地说："登记册上是498人，但是有两个我早就准备好了。一个是潘火狮，另一个是唐金龙。唐金龙同大英帝国有杀父之仇，而且武艺高强，不好对付。"

汤姆生一听，傲慢地说："潘先生，我的拳头会使他低头的。"查理士起身举杯说道："来，为'飞鲨'号满载500名华工，今晚如期启航，顺利抵达悉尼，干杯！"

三

这一天，载满华工的飞鲨号即将起航。泰勒一行带了一筐面包来到大舱。泰勒奸笑着说："各位华工，你们是去澳洲掘金的，掘金可不是随随便便的，要立契约，画上押才行。现在我们为掘金工人准备了面包。"

泰勒说完，汤姆生对潘汝非厉声喝道："你快叫苦力画押。"

一旁的潘汝非慌忙领命，冲着众华工叫道："现在开始画押，一号陈烟木。"

陈烟木坐在铺位上，回头看了看，一动也不动。泰勒动手打了陈烟木。唐金龙不忍心自己同胞受洋人的凌辱，猛地高喊说："不要打人！我先画吧！"拖着脚镣，走到潘汝非面前，唐金龙蘸了蘸印泥，手指直往潘汝非脸上戳过去。潘汝非一声惨叫，血水立即从嘴里流出来，脸庞歪在了一边。正在这时，一个声音响起："吃面包啰！"就见张天乙提起那筐面包，往舱里一撒，随即将空筐罩在汤姆生头上。

汤姆生挣扎着掀掉箩筐，掏出了手枪。华工们突然朝他们涌去。泰勒他们感到势单力薄，纷纷退出大舱。大舱里一时平静不下来。有的说，那契约是卖身契，画了押就成了奴隶，死也不能画；有的辱骂这是潘姓人做的缺德事。潘阿炳一听不高兴了，说："好啊，你还敢骂人。"眼看双方要动武了，唐金龙从中进行劝解。

第二天早晨，第一批25个华工被唤上了甲板。陈烟木又被拉出人群。他不愿画押，被泰勒打得皮开肉绽，满地翻滚。不多时，就轮到了潘阿炳等人。他们拥上前哀求道："汝非叔，免了我们吧！船到澳洲后，你再帮我们尽快回厦门，免得家中老小日夜盼等！"潘汝非连连摆手。汤姆生揪住潘阿炳的衣领，厉声说："你到底画不画？""不画！"潘阿炳气愤地回道。汤姆生猛力一拳打在他的脸颊上。潘阿炳栽倒在甲板上。

潘汝非怕事情闹得不可收拾，急忙恳求泰勒说："他们一时糊涂，请多多原谅。他们是我的同宗亲人，我担保他们明天都画上押。"泰勒就势说好。

不一会儿，轮到唐金龙和张天乙画押。唐金龙放眼远眺无边无际的大海，一股渴望自由的激情涌上了心头。泰勒说："唐金龙、张天乙先生，久闻两位是厦门有名的好汉，今日有幸相识。两位领个头，我给你们每人五十英镑。"见二人不答话，泰勒又问道，"你们是不想画押喽？"

唐金龙说："既然知道，何必再问。"

"好，那就请你们在甲板上爬一圈，一边爬一边装狗叫。"泰勒挑衅地说道。

唐金龙、张天乙二人愤恨难忍，大喝一声，各自朝泰勒和汤姆生扑去。唐金龙臂力过人，将泰勒摔倒在地。

几个回合下来，泰勒没有捞到任何便宜。但张、唐二人戴着脚镣，终还是被对手擒住，捆绑到主桅杆上了，受尽严刑折磨。夕阳西下，遍体鳞伤的唐金龙和张天乙被扔下大舱。大伙看着二人被折磨成这副惨状，心里腾起熊熊怒火。

第二天，潘家弟兄上了甲板，任凭哄骗、鞭打，死活不肯画押。潘阿炳出其不意，用尽全力，朝汤姆生的下身踢去。汤姆生痛得在地上打滚。过了好一会儿，汤姆生才站起身来，抓住潘阿炳的双脚，将潘阿炳扔进大海。目睹这一惨景，潘家弟兄全都惊呆了。潘汝庆乘机抓起他们的手，挨个在契约上按上了手印。

潘阿炳的惨死点燃了华工们复仇的怒火。这天，潘汝庆、潘火狮和四个武装水手来到大舱，华工们一拥而上缴了他们的械，用绳子绑了，扔在舱角里。

泰勒再派两名武装水手下去，也被唐金龙、张天乙打死了。被激怒的华工拆掉全部床铺，拿在手里当武器，狠命地敲打舱盖和舱壁。不知谁喊了声"放火烧"，狂怒的华工立刻点燃了破布，舱里烟火弥漫。突然，潘元坤发出尖厉的狂叫："通通烧死喽，通通烧死喽！"说着，他拨开人群，冲进烈火，赤手扑打火苗，最后晕倒在火堆里。大伙见状，立即冲进火堆，救出了潘元坤。

过了一阵，渐渐恢复神智的潘元坤认出了潘阿森、唐金龙，也看见了大舱角落里被捆绑着的潘火狮。潘元坤惊愕地问："火狮，你怎么也给绑起来了？这是什么地方？"潘火狮见哥哥神智清醒了，哭着说："'飞鲨'号猪仔船！"

潘元坤一听，泪水夺眶而出，说道："我是被潘汝非这条老毒蛇害的呀！"

潘火狮听了哥哥的诉说，幡然醒悟，悔恨交加，猛地揪过潘汝庆，追问他潘家弟兄是怎么被抓来的。潘汝庆说道："这事张天乙清楚，你问他好了。"

张天乙羞愧难当，把自己干的坏事一股脑儿倒了出来。末了，他含泪道："金龙哥，我只求你现在就给我一枪，以解潘、唐两家之恨！"

唐金龙义愤填膺，把枪口瞄准了张天乙。突然，张天乙的儿子小碰抱住他的腿，痛哭说："叔叔，我爸爸有罪，应该偿命，连我都是他抓来的。你把他枪毙后，一定要带我为我爹报仇啊！"

唐金龙心一沉，手一松，枪掉了下来。唐金龙扶起张天乙，喊

111

了声:"天乙哥!"张天乙感动得泪如雨下。潘火狮明白了事情的真相,气愤至极。唐金龙沉思了一会儿,和华工们商定了下一步的行动计划。他们假意把潘火狮打得遍体鳞伤,让他把潘汝庆的尸体拖出舱口。泰勒一见,愤怒不已。

四

第二天,潘火狮拎着一桶粥,要下船舱,泰勒猛地喝道:"放下!别送稀饭了,下去叫唐金龙上来!"潘火狮先是一惊,继而慌忙说道:"让我先把粥送下去。有了吃的,才不会打我了。"泰勒沉吟一会儿,点点头。潘火狮来到大舱,从粥桶里掏出一些工具,又从腰间取下缠着的锯子。

当天夜里,砸断了铁镣的唐金龙、张天乙,来到潘火狮的住舱。他们迅速将几名水手绑住。接着,他们分兵出击,一路干掉了巡夜的水手,准备打开大舱的盖板。谁知,盖板锁得很牢,响声惊动了汤姆生。汤姆生立刻朝舱盖方向开枪。唐金龙沉着还击,射中一名水手。舱盖终于被打开了,华工们像潮水一样涌上甲板。汤姆生慌忙下令,把炮口对准华工。就在这千钧一发之际,张天乙朝炮楼飞奔过去,用胸膛堵住了炮口。张天乙应声倒下。

经过一阵激战,汤姆生被打死了,华工们振臂欢呼,拥抱跳跃。泰勒朝弹药库里投了把火,跳入海里。唐金龙正准备返航回厦门,突然一声巨响,船仓爆炸了。唐金龙见状,高呼:"弟兄们,赶快离开这条大船!华工们拿起救生圈,纷纷跳入大海。唐金龙没有立即逃生,而是又奔向舵房,在一声震天的爆炸声中,救出了最后一名华工。在船即将全部沉没的最后一刻,他才套上救生圈,纵身跳入大海。

几天后,泰勒回到厦门,向查理士报告了"飞鲨"号被炸的经过,气得查理士破口大骂。泰勒气冲冲地逼近潘汝非,骂道:"你招来的500名苦力，全都是凶悍不法的暴徒，匪首就是唐金龙。就是你那堂侄潘火狮，也领着暴徒同我们作对。"潘汝非吓得浑身发抖。查理士咬牙切齿地说："把唐金龙交给官府，叫他们判处死刑，斩首示众，教训那些心怀不轨的人。那些逃跑的苦力，都给我捉拿归案。"又过了几天，潘元坤、潘火狮也回到了家里。乔玉兰说："唐金龙给官府问成死罪，你们快离开这儿。"正说着潘汝非闯了进来。仇人相见，分外眼红。潘火狮上前一刀结果了潘汝非，掩护哥嫂逃跑，自己却被官府抓走了。

当地官府迫于英领事的压力，要将唐金龙、潘火狮处以死刑。人们目睹这惨状，无不愤恨满腔，伤心落泪。突然，姚杏春发疯似的奔到唐金龙跟前，痛不欲生地说："金龙哥！让我和你一块去吧！"唐金龙抚摸着姚杏春的断臂，感动得直落泪。

"午时三刻到！"同知（明清时期的官名）朝坐在一旁的泰勒看看，泰勒点头示意。同知拿过朱签，往地下一掷说："斩！"

唐金龙、潘火狮英勇就义了。人们决不会忘记，中华民族的优秀儿女为了反对外来的侵略和压迫，惨死在敌人的屠刀下！决不会忘记这血海深仇和千古奇辱！

影评选粹

风格基调·叙述方法·民族色彩

《海囚》是一部人物多、场景多、场面大的历史题材影片。它反映的是当时福建厦门人民反对帝国主义与中国封建主义相互勾结掠夺华工的一场斗争，并且着重刻画了以唐金龙为代表的具有高尚的民族精神和气节的英雄形象。

导演李文化根据影片的题材内容，在风格基调上采取了悲愤、悲壮、气势磅礴、粗犷浓烈的艺术手法，从而谱写了一曲激昂壮烈、

可歌可泣的民族精神的颂歌。正如李文华在《谈影片〈海囚〉的导演处理》一文中说的那样："在创作中,有的同志说《海囚》太压抑了。我们认为,没有强烈的压迫感,就不会产生强烈的义愤!我们所以这样来渲染,就是让观众在悲愤中坐不住,憋得透不过气来,激动得要哭,要喊,激发起一种强烈的爱国主义情绪。"

对于影片的叙述方法,导演根据故事情节,采取了传统章回小说"由浅入深、引人入胜"的叙述方法,符合了观众的欣赏心理,从而达到了让悬念吸引观众的心理,从而达到观众被故事所吸引、所感动的效果。

影片以鲜明的民族特色,激愤壮烈的气氛,揭露了19世纪末满清政府的腐败无能以及殖民主义者运用种种卑劣的手段来贩卖华工的罪恶行径,展示了中华民族不可欺侮的英雄气概和中华儿女热爱祖国的浩然正气。

历史告诉我们：没有国家的强盛，就没有民族的尊严和领土的完整，人民的生命安全也就得不到保障。影片在反映人民深重苦难和英勇斗争的同时，也深刻地揭示了这样一个真理：落后就要挨打。

影片让我们青年一代深刻地了解到了中国历史极为屈辱的一页，从而激励我们要吸取历史的教训，尽快把我国建设成为繁荣昌盛的社会主义强国。

精彩回放

本片导演曾说，自己和摄制团队通过反复研究和共同探讨，决心删掉原来小说作品中的"光明的小尾巴"的结尾，回到以悲剧结局处理的创作思想上来。于是，设计出一个用砍头来结束影片、用怒涛来烘托情绪的悲剧结局。

在法场上，随着监斩官一声令下掷过令牌后，两把闪着寒光的大刀抬起，落下。随着刀起刀落，导演用周围愤怒的群众都不忍看，奔腾翻滚的海浪，并配以强烈的悲愤歌声来渲染：大海在为英雄们默哀，在为他们鸣不平，在为中华民族的苦难咆哮。

这是悲中的愤，悲中的恨。这样处理，更能激起广大观众的愤恨，激起强烈的爱国主义情绪，并给人留下思索、回味的余地。

孙中山

> 读了中国的近代史，我只想哭。
> ——电影《孙中山》旁白

电影档案

出品：珠江电影制片公司
编剧：贺梦凡　张　磊
导演：丁荫楠
摄影：王亨里　侯　咏
主演：刘文治　刘斯民　张　燕

荣誉成就

1988年第七届金鸡奖最佳故事片、最佳导演奖、最佳摄影奖、最佳音乐奖。

1988年第十届百花奖最佳故事片。

1989—1990年广电部优秀故事片。

影片史料

孙中山

孙中山（1866—1925年），中国近代伟大的民主革命家。名文，字德明，号日新，改号逸仙，在日本化名中山樵，后遂以中山名，广东香山（今中山）人。

孙中山是中国近代民主主义革命的先行者，中华民国和中国国民党创始人，三民主义的倡导者。1894年上书李鸿章，提出革新政治主张，遭拒绝，遂赴檀香山组织兴中会，提出"振兴中华"的口号和"驱除鞑虏，恢复中华，创立合众政府"的政纲。1905年在日本东京组成中国同盟会，被推举为总理，确定"驱除鞑虏，恢复中华，建立民国，平均地权"的革命纲领，提出三民主义学说。

1911年10月10日领导武昌起义，各省响应。12月29日，被推举为中华民国临时总统，1912年1月1日在南京宣誓就职，成立中华民国临时政府。1925年3月12日在北京逝世。遗著编有《孙中山选集》《孙中山全集》《孙文选集》等。

剧情故事

1894年的中国，清朝腐败，列强横行，神州大地被搅得破碎不堪。在这种暗无天日的社会背景下,广大穷苦人民无时无刻不处于水深火热之中……

一

1894年,在北京北古口斑驳的古城墙角,几具被破草席掩盖着的尸体在肆意的风沙中静静地躺着,殷红的鲜血不断地从尸体下渗出,顺着地面流淌,慢慢扩散、渗透到土里,化成乌黑的血迹。远处,无力翻卷着的龙旗下,手执大刀的清朝刽子手渐渐远去。唯独有一群表情麻木的农民依然一动不动地站在那儿,呆呆地看着。秋风萧瑟中,古老沧桑的长城沉痛地哭泣着。

在茫茫的大海上，一艘远渡重洋的货轮在缓缓地行驶着。在阴暗潮湿的船底货舱里，中国劳工们在痛苦地挣扎着，呻吟着。拥挤的人群中不时传来几声叫喊："死人啦！死人啦！你们管不管！"

"上来！都上来，上来消毒！"从沉重的舱门中走出几个外国水手用英语高声喊道。

华工们一阵骚动，纷纷站起身来，跑到了甲板上。在外国水手的吆喝下，他们扒掉衣服，丢进海里，一丝不挂地站成一排。随后，外国水手便把一桶桶热气腾腾的粉红色的液体泼在了他们的身上。一时间，水花四溅，雾气腾腾。华工们赤裸的身体在风中颤抖着。

1894年10月，已是夜深人静，窗外依然淅淅沥沥地下着小雨。在上海虹口一间西式洋房里闪烁着暗淡的烛光，隐隐约约传来了断断续续的说话声，随即是很长时间的死寂……忽然一个声音划破了沉闷的空气。

"自鸦片战争以来，中国就陷入外国人的奴役，中华民族的头上，除皇帝的统治，还加上了洋人。丧权辱国的条约一个接一个……唉！"一位青年不无悲痛地说道。

"甲午中日之战，清军丧权辱国，国人深感悲愤，我和陆皓东此赴京津，已窥清朝虚实，深入武汉已观长江之形势。"孙中山显得胸有成竹，平静地说到。

"严复说今日之中国非无兵也，患在无将帅，中国将帅皆奴才也……"宋耀如紧接着说道，"患在不无学术，湖广总督张之洞闻之……"

这时，宋耀如的夫人倪桂珍端来了咖啡，让众人饮用。

"我认为，应该给大王朝送上一颗炸弹！"陆皓东突然冷冷地插了一句，犹如平静的大地一声雷响，着实把大家吓了一跳。众人仿佛惊呆了，保持着惊愕的表情。

空气再次沉闷起来，压得人透不过气。

"逸仙兄，你说呢？"陆皓东接着说。

孙中山低着头，陷入了沉思。没过多久，孙中山抬起了头，看了看宋耀如。他的脸上像是有某种按捺不住的兴奋在跳跃着，眼睛也分明比先前有神多了，好比在浩渺的宇宙中发现了一颗新的星体一般激动。大家无不被他的情绪所感染，都以欣赏的眼光看着他。孙中山站起身来，激昂地说："我们古老的中华非要用强制的手段才能奏效！耀如兄，和平的手段，无可复施。我决定再返檀香山，探求新路。"

此时，"驱除鞑虏，恢复中华"的抱负在他的心中汹涌不已。

孙中山乘坐的轮船经过连夜的颠簸终于在夏威夷靠了岸，孙中山又来到了久违的檀香山。看着阳光下波光荡漾的海水，异常繁茂的丛林，天边渐渐淡去的灿烂晚霞，他低落的心情有些回升。

漆黑的夜空下，茂宜岛上处处跳动的篝火把四周照得通亮。土著人围坐在篝火旁，尽情地演奏着各种乐器，在风格独特的音乐中，热情大方的土著姑娘们跳起了热情奔放的草帽舞。

篝火旁有一间木棚，不时地传出激烈的议论声，不久便又平静了下来。忽然从中传出铿锵有力的口号声："驱除鞑虏，恢复中华，创立合众政府，倘有二心，神明共鉴！"此时，屋内孙中山与几十位华侨全都举起右手，大声宣誓誓词。从此，兴中会宣布成立。

接着，孙中山激动地对大家说："诸位！诸位！日本海军威胁天津，北京告急，我认为这是举义的大好时机！"

大家听了之后纷纷响应，最后将广州起义的时间定在了重阳节，并且还为此次起义设计出了"青天白日"党旗。

在一间大棚里，传出了孙中山与陆皓东的对话声。

"逸仙兄，这次起义联系广泛，人员庞杂，我们有把握吗？"

"我似乎感到有一种力量在推动着我，我感到我就是为这个国家而诞生的！"

"那我就要为这个新的国家去死！"陆皓东坚定有力的声音在棚顶久久回荡着。

然而，天有不测风云。起义的消息很快便传到了两广总督谭钟麟的耳朵里，他提前出动军队，搜查起义据点，四处缉捕革命党人。

陆浩东得知了这个消息，冒着生命危险前去给从香港驶来的"保安轮"上的起义军报信，然而清军早已在码头设了埋伏。他刚朝甲板上的先锋队员挥手呼喊"别上岸，别上岸"，码头上便响起了号炮声。随即，大量手持闪亮刀枪的清兵蜂拥着向船上涌去，不一会儿，甲板上就躺满了革命党人的尸体。

在1895年的这次起义中，陆皓东等志士英勇就义，众多革命人士纷纷逃亡。广州起义最终以失败告终。

二

起义失败，孙中山东渡日本。到了日本，他先是拜见了与自己志同道合的宫崎，与他商谈了再次举事的地点。随后，孙中山还会见了志士郑士良。

不久，已是六月盛夏之际。在东京红叶馆，古朴的木质窗棂外草木成荫，生机勃勃。屋内，琴声弦乐充盈着房间的每一个角落。孙中山、郑士良、犬养毅等席地而坐。随之，便传来了孙中山慷慨激昂的声音："自慈禧太后下诏囚禁了光绪皇帝，谭嗣同等六君子惨遭杀害……并对文一贯主张的'推翻满清，建立共和'的制度极力反对……决定再举义旗。"

大家都静静地听着孙中山此次回国的远大抱负。

孙中山看看大家，又紧接着说："国内军事政治时态急速变化……震动了清廷，还有西方列强在华的利益也受到了损害，这正是我们发动起义的最好时机。所以，我决定派郑士良赴惠州发动起义"。

随后，一群花枝招展的艺妓进来为大家敬酒。一个艺妓向孙中山敬酒，孙中山连忙制止，并说："谢谢，我从不喝有伤脾胃的饮料。"这时，郑士良大叫一声："来！"接过艺妓递过来的酒，一口气喝了三杯，喝完后便大哭起来："我郑士良生来无拘无束，活要活得痛快，死要死得壮烈，平生唯有一愿，像陆皓东那样死在战场上、刑场上！"

众人深受感染，不禁夸赞："郑先生是个了不起的人，真正的男子汉！"孙中山也激动得热泪盈眶。

1900年，在惠州原野，铺天盖地的起义军汇聚在永湖的丘陵上。他们一律头缠红巾，身挂红绣球，手里拿着各种各样的武器：矛戈刀剑、猎枪、洋枪。山下，大队的清军已布列成阵，几名清军将领立于伞盖之下，手执望远镜向山上观望着。一时间，乌云密布，风云变色。

在青天白日大旗之下，郑士良跃马挥刀，高声施令，带队出击。

听到号令，无数的起义军战士呐喊着，奔跑着，以排山倒海之势向山坡下的清军冲杀。清军举起一排又一排的洋枪，开始轮番向起义军射击。

冲杀在前面的起义军战士倒下了，后继者又蜂拥而至。土炮轰鸣，震撼大地。

夜幕缓缓降临了，在苍茫的暮色下，荒凉的山野横尸遍野，折断的矛戟，残破的军旗，还有战火残留的狼烟如孤魂野鬼般漫无目的四处飘散着，原本凄凉的荒原显得越发寒气逼人。

惠州起义失败，郑士良等志士壮烈牺牲。

三

起义再次失败，孙中山只好又返回日本，准备东山再起。

1905年7月，在东京赤坂内田良平寓宅楼上的一个大房间里，孙中山与黄兴、宋教仁、汪精卫等17个省的留学生代表挤坐在榻榻米上。中国同盟会成立大会在这里召开了。孙中山发表了激动人心的演讲。

他缓缓站起身来，语调激昂而又深沉："我们的国家，有四万万人口，可谓世界上最大的民族。我们中国有上下五千年的文化……康梁变法、百日维新只是昙花一现，所以要救国，只有走国民革命的道路，建立一个共和国家。"

屋子里一片低泣声，许多人都已热泪纵横。

孙中山顿了顿，接着说："为此，我们必须把湖北的华兴会、湖南的日知会、浙江的光复会等革命团体组成大团体，建立一个统一的革命党。"

大家都纷纷站了起来，使劲地拍着手，一时间掌声雷鸣。大家的情绪都很高涨，高喊着："先生，只要18省同志齐心协力，中华的复兴指日可待！""先生，马上成立大团！""叫'反满同志会'！""叫'讨满同盟会'！"

　　孙中山举手示意："革命的宗旨不专在反清排满，我们只反对压迫他人的满人。国体民生，皆当变革。至于名称，我提议定为'中国同盟会'，意思就是全国有志之士为从事革命运动而联合起来的秘密团体。"

　　"既然是秘密团体，就应该有誓词，有纲领。"何香凝站起来说道。

　　孙中山的回答强劲有力："驱除鞑虏，恢复中华，创立民国，平均地权！建立一个独立、统一、民主、富强的共和国！"

　　"简而言之，孙先生的主张就叫'三民主义'吧！"陈其美激动不已。

　　雷鸣般的掌声四起。

　　突然众人中有一青年学生问："将来革命成功了，孙先生是不是也要当皇帝？在中国是不是建立君主立宪？"

　　众人都惊讶地看着这位青年学生。

　　朱执信站了起来，理直气壮地看着那位学生说："革命是为国为民的大事，孙中山怎么会想当皇帝呢？谁想当皇帝，必将被打倒！"

　　最后，大家纷纷在盟书上签上了自己的名字。

　　从此，"中国同盟会"宣告成立，孙中山被推举为总理。

四

　　此后，孙中山便奔赴于世界各地，传播革命思想，积极邀请有志之士，不断扩大中国同盟会的影响力。

　　1907年7月至1911年，孙中山多次授命其他革命同志在全国各地发动起义，但最终都因准备不足，单纯冒险而失败。

1910年11月,孙中山在马来西亚槟榔屿召开秘密会议,商量卷土重来的计划。

这是一间陈设着藤制家具的客厅。沉默一会儿之后,孙中山把目光转向卢夫人,歉然地说:"这些年也难为你了,又要侍奉母亲,又得抚育儿女……"

卢夫人默然。

孙科冲动地说:"父亲,这些我们都能理解,我不理解的是我们为什么总是失败!黄岗、惠州、钦州廉、镇南关、河口,还有去年广州新军起义,又……"

孙中山锐利地瞥了孙科一眼。孙科不说话了。黄兴、赵声等人也都沉默着。

"精卫、复生依然身陷囹圄,生死难卜。近日新闻纸上,对王案又报道。"胡汉民插语道。

"失败是成功之母。我们的每一次起义,都已经动摇着这座朽败清帝国的房屋的墙基。烈士的鲜血,不会白流的!"孙中山用低沉的声音说。

接着,他又看着黄兴,语调坚定地说:"集中全党精英,在广州再次举义,占领省城,把革命的火焰燃向全国!"

"目前需款五千,安置新军的流亡人员。再谋大举,又需十数万元的巨款……"黄兴不无忧虑地说。

孙中山斩钉截铁的回应道:"只要同志们不气馁,钱,我当力任设法!"

在寒冷的冬夜里,一座古老的中国式建筑——中华会馆,威严地矗立着。在天井里,烛光辉映,聚集了很多华侨。

孙中山站在一张放有筹款箱的宽大楠木桌旁,思索良久。然后,他诚恳而歉疚地说:"我每次请侨胞们来,都是劝大家认捐。一而再,再而三,实在难以启齿……可是,"他回头看一看端坐在后的黄兴、赵声，声音逐渐变得激昂起来，"中华民族的灾难这样深重，已经到了生死存亡关头。只有国外的同胞捐钱，国内的同志捐命，推翻'洋人的朝廷'——清朝专制政府，才能救亡图强！"

人们默默地听着。

他用喑哑的声音接着说："同盟会成立后多次举义，迭遭失败，这次若不成功，我也无颜再见诸位乡亲！生死成败，在此一举，发难地点，还在广州。"

一个身着唐装的瘦弱老人猛然站了起来，泪流满面地说："我……我不是个有出息的男子汉，一辈子卖芽菜，积攒了一百多元钱。我把它——全捐了！"

"我认十元！"

"我只能捐二元。失业半年多了！"

认捐的声音四起，侨胞们纷纷动容解囊。不一会儿，各种各样的钱币堆满了桌子。孙中山非常感激，深深地向侨胞们鞠了一躬。凝望着这一大堆捐款，他们脸上呈现出慷慨赴死的气概。

1911年4月27日黄昏时分，黄兴率120余名敢死队员直扑两广总督署，发动了"同盟会"的第十次武装起义——广州起义。同盟会接受历次起义失败的教训，在起义发动前进行了认真细致的准备。枪声、炸弹声、愤怒的呼叫撕破了静寂的夜空。在滚滚的烈火硝烟中，黄兴率领臂缠白巾、足着黑色树胶鞋的先锋队，冲击总督衙门。朱执信身着剪去下截的长衫，持枪猛射。一臂已残的喻培伦，脖子上挂着炸弹筐，奋力投掷炸弹。林时爽、林觉民、方声洞……从各地汇聚广州参加起义的一代精英形象，仿佛都在这刀光血影中陆续映现出来。

因力量对比悬殊，黄花岗起义最终以失败告终。起义失败后，广州革命志士潘达微收殓牺牲的革命党人遗骸七十二具，葬于广州郊外的红花岗，并将红花岗改为黄花岗，史称"黄花岗七十二烈士"。

这次起义因而也被称为黄花岗起义。

　　这次起义，是孙中山先生领导的革命中规模最大、牺牲最大的一次。这次失败也是最后一次失败。它对辛亥革命有着不可估量的影响。不过半年，武昌起义就成功了。

　　1911年10月11日，在美国科罗拉多州丹佛市的一家西餐厅里，孙中山和马湘正在等候自己所点的餐品。当侍者把早点端上来之时，忽然，孙中山兴奋地拿着报纸指给马湘看："马湘，你看！"

　　"嗯？"

　　"你看看，武昌起义成功了！马湘，成功了！武昌起义全国响应，你快看……"随即，他激动地站了起来向大家说道，"女士们，先生们！我们是中国革命者，这就是我们的旗帜……我们失败了11次，现在胜利了，我们要回去在全国发动起义！"

　　大家听了孙中山的一番演讲，纷纷鼓掌祝贺，一一上前与孙中山握手。

　　在南京原两江督署的一间卧房里，孙中山对着紫檀木装镶的大穿衣镜，换上立领制服。

　　胡汉民手拿一份文件走来："先生，这是宣誓就职的誓词。"

　　1921年，在灯火辉煌的原江苏省咨议局里，孙中山进行了大总统宣誓就职仪式。他用凝重而清晰的语气做了激情饱满的宣誓："倾覆满洲专制政府，巩固中华民族……民国卓立于世界，为列邦公认，斯时文当解临时总统之职，谨以此誓与国民。"

　　随之，孙中山接过大印，在《中华民国临时大总统宣言》上，庄重地盖上第一个鲜红的、神圣的印章……

　　深夜，在北京铁狮子胡同，袁世凯的官邸里，身穿朝服的袁世凯正在同英国驻华公使朱尔典密谈。朱尔典的笑容颇有深意："不管南方如何动作，您是被公认的'强有力的人'——非袁莫属！"

　　袁世凯肥胖的面孔上掠过一丝不易觉察的笑意："风云变幻，

形势复杂……也只得勉为其难!"

此时北方尚为军阀盘踞,袁世凯有复辟之心。他庇护清室,依附列强,不断给孙中山施加压力。而孙中山领导的临时政府实力有限,无论在装备上还是士兵素质上,皆无法与清朝主力北洋军抗衡。革命军被北洋军接连击败后,为了顾全大局,孙中山决定与北洋军的统帅袁世凯和谈,希望通过给予袁临时大总统的职位,让袁成为清朝垮台的最后关键。

在南京陆军参谋部的作战室里,孙中山坐在绘有六路北伐进军的挂图前,环视与会者,平静地说:"关于战局,务请各抒己见。"

黄兴首先站了起来,不无忧虑地说:"战局令人忧虑,军费支出庞大,国库空虚。杯水车薪,无济于事,甚至连预算都无从算起。"

汪精卫说:"项城若能促清帝退位,则我辈目的已达。战事如果再起,恐非国民之福!"

孙中山愤然道:"袁世凯阴怀莽、操之志,居心叵测,反复无常,企图在南北对峙中渔利。共和肇始,将元首职务交给这个守旧官僚,似应慎之。"

1912年初,孙中山与袁世凯达成协议:临时大总统由袁世凯接任,袁世凯则以实际行动迫使清朝皇帝退位。孙中山再次流亡日本。

五

建立共和是人心所向,而袁世凯等军阀却逆历史潮流而动,妄图扼杀革命。1913年3月国会选举,国民党大获全胜。宋教仁准备北上组阁。

在上海灯光暗淡的火车站,火车的汽笛声由远及近传了过来。宋教仁被黄兴、于右任等人簇拥着来到了候车室检票口。黄兴拉住宋教仁的手轻声嘱咐道:"钝初,千祈保重,多加小心!"宋教仁感激地点点头,随即转身正要离去,忽然"叭叭叭"一阵枪响打破了平和的气氛。黄兴猛然回头，只见宋教仁已倒在血泊之中，不省人事，他紧紧攥住黄兴的衣领："克强……我冷，给我大衣，快……快……"

袁世凯为掩盖罪行真相，还装腔作势，要严惩凶手。但调查结果表明，谋杀的指使人就是袁世凯。真相大白，全国舆论哗然。这时，孙中山从日本回到上海。他看清了袁世凯的反动面目，认识到"非去袁不可"，极力主张出兵讨袁，发动了"二次革命"。但由于实力不足，二次革命旋即失败。孙中山被通缉，不得不再赶赴日本寻求援助。

1914年，孙中山在日本建立中华革命党，并两次发表讨袁宣言，准备发动护法运动。次年，他便与志同道合的宋庆龄在律师所举行了简单的婚礼，两人终成眷属。

袁世凯称帝失败后，孙中山重回中国，准备在上海发动护法运动。但广州护法政府逐渐被桂系、滇系军阀控制，孙中山实力有限，曾尝试发动兵变而未果。1918年桂、滇各系军阀控制国会改组护法政府，以七总裁取代大元帅，孙中山被架空，被迫去职。次年10月，孙中山改中华革命党为"中国国民党"，同时在广州被选为大总统，准备发动第二次护法运动。但最终因北伐的主张与陈炯明不和，导致陈炯明炮击总统府。孙中山化装离粤，退居上海。

自陈炯明兵变后，孙中山开始考虑与中国共产党合作的可能。1924年1月，孙中山在广东高师礼堂参加了中国国民党第一次全国代表大会。

在朴素庄重的会场里，孙中山端坐在主席台上，到场的有胡汉民、廖仲恺、汪精卫等中国国民党人，还有李大钊、毛泽东等中国共产党人。

孙中山兴奋地环视全场，庄重地讲道："大会宣言的旨趣，已经充分讨论。这是本党成立以来破天荒的重大举动。彻底打倒军阀，完全解放受压迫的人民，坚决反对帝国主义列强，联合世界上被压迫的民族共同奋斗，互相扶持，争取民族独立，实为我们的首要任务。赞成中国国民党第一次全国代表大会宣言全文者，请举手。"

随即，孙中山自己率先举起右手，自语道："我尊重宣言的权威。"与此同时，一个个手臂举了起来。

通过这次大会，国民政府宣布实行"联俄、联共、扶助农工"三大政策，接受中国共产党和苏俄共产党帮助，改组中国国民党。并于3月组建黄埔军校，任命蒋介石为校长。

中国国民党"一大"的成功，标志着第一次国共合作正式形成。这次合作实现后，以广州为中心，汇集全国的革命力量，很快开创出反帝反封建的革命新局面。

六

1924年10月23日，冯玉祥在北京发动政变，推倒大总统曹锟，邀孙中山北上共襄国是。此时，孙中山的健康已急转直下，但为了国家的前途及与帝国主义和北洋军阀作斗争，他毅然北上，并提出"召开国民会议"和"废除不平等条约"两大号召。

当孙中山与夫人乘坐的专列到达北京永定门车站时，时任北京警备司令的鹿钟麟将军考虑到前门车站聚集了十多万欢迎的民众，为了保证孙中山的安全，想让孙中山在此站下车。李大钊也深切恳求："先生，就在这儿下车吧！"孙中山听了之后，激动地说："不！不！我不能在这儿下车，我是为学生和民众而来的，我不能为了个人安全，而辜负学生和民众对我的热情。我一生致力于做民众的公仆，他们是民国的主人。我要见他们！"

在北京前门车站广场，数不清的学生、工人和市民队伍在凛冽的寒风中涌动着，到处是挥动的小旗和醒目的标语。"欢迎孙中山先生北上！""迅速召开国民会议，废除不平等条约！""铲除军阀，国民革命万岁！"大家的情绪都很激动。

看到这种场景时,孙中山憔悴的面容上显露出欣慰的神色。在夫人及随行人员的陪同下,孙中山挥动着右手,激动地向欢迎的民众讲话。

孙中山称人民群众为民国的主人,并对他们喊出了用自己毕生经历凝聚成的最后遗言:"革命尚未成功,同志仍需努力……"

他那暗哑的声音迅即被寒风卷走,但是欢迎人群已经像海潮般汹涌起来。

他的身影,逐渐融入到民众的海洋中。

影评选粹

人物传记·历史巨片·民族色彩

《孙中山》是一部具有相当历史价值和艺术价值的人物传记片。它着重描写了中国革命先行者孙中山先生光辉的一生。同时,它又是一部崇高雄奇的史诗巨片。

影片通过对孙中山30余年的奋斗道路和心理历程的描述,不仅再现了广州起义、武昌起义、孙中山就任总统等历史事件,而且有百余位历史人物出场——这在人物传记片上是空前的,既具有艺术感染力,又能使观众了解历史背景和历史人物。

影片刻画了孙中山以国家、民族利益为重的高尚人格和气壮山河的爱国主义精神，歌颂了革命先行者们不屈不挠、肝胆相照、前仆后继、共赴国难，挽神州于陆沉，救生灵于涂炭的大无畏气概。

孙中山是时代造就的伟人。同时，他像一面镜子，也折射出了那个新旧交替、动荡不安的时代。这部影片可以帮助我们更好地理解为什么走社会主义道路是中国历史的选择，鼓舞我们青年一代继承发扬孙中山的革命精神，为祖国的繁荣富强作出更大的贡献。

《孙中山》是以主人公的心理情绪为主体内容，以艺术造型和声音为表现形式的一部心理情绪影片。作品注重造型和声音的运用，并加之音乐的配合，营造诗的画面、诗化的语言，以此刻画出孙中山这个鲜明的人物形象。

精彩回放

影片运用既质朴无华又铿锵有力的语言来揭示特定历史人物的心态，使其艺术形象和人格魅力得以充分展示。

在孙中山北上进京的一场戏中，为了他的安全，陪同的李大钊恳切地说："先生，就在这儿下车吧！"孙中山激动地说："不！不！我不能在这儿下车，我是为学生和民众而来的，我不能为了个人安全，而辜负学生和民众对我的热情。我一生致力于做民众的公仆，他们是民国的主人，我要见他们！"车窗外，欢呼的人群挥动着手中的小旗在风中哗哗作响。如此宏大的场面，震撼人心；如此深沉的感人之言，催人泪下。

一个满怀革命精神的天之骄子，却甘当人民公仆。扮演者的一言一行都彰显出孙中山既是领袖又是凡人的人格力量和大无畏的民族献身精神。欢呼的民众就像反清革命掀起的滚滚浪潮，衬托出孙中山特有的"人可以被消灭，但不能被打败"的强烈革命精神，使得一个革命的组织筹划者、活动家、外交家的不朽形象进一步逼真和丰满起来。

廖仲恺

我现在的所作所为，是从血的教训中得来的。任何人反对，我都不怕。

——廖仲恺

影片档案

出品：珠江电影制片厂
编剧：鲁彦周
导演：汤晓丹
摄影：沈西林　刘锦棠
剪辑：蓝为洁　蔡敬邕
服装：任奉仪　王缉珠
作曲：陈其雄
主演：董行佶　梁月军　章　杰

荣誉成就

1983年文化部优秀影片二等奖。
1984年第4届金鸡奖最佳故事片提名。
1984年第4届金鸡奖最佳编剧提名。
1984年第4届金鸡奖最佳导演。
1984年第4届金鸡奖最佳男主角。
1984年第4届金鸡奖最佳剪辑奖提名。
1984年第4届金鸡奖最佳服装奖提名。

影片史料

廖仲恺

廖仲恺（1877—1925年），中国民主革命家。原名恩煦，又名夷白，广东归善人，生于美国旧金山。1893年回国，1897年与何香凝结婚。1902年赴日本早稻田大学和中央大学读书。1905年加入同盟会。辛亥革命后，任广东军政府总参议兼理财政。1919年8月和朱执信等在上海创办《建设》杂志，阐发孙中山的政治主张。1921年任广东省财政厅长。1923年后任孙中山大元帅府财政部长、广东省省长，协助孙中山改组国民党。国共合作后兼任国民党工人部长、农民部长、黄埔军校党代表、国民革命军总党代表、国民党中央执行委员会常委。孙中山逝世后，继续执行联俄、联共、扶助农工的三大政策。1925年8月20日，在广州被国民党右派暗杀。

剧情故事

一

1922年，由孙中山一手提携的粤军总司令陈炯明在广州发动叛乱。6月14日，陈炯明拘留了孙中山的得力助手廖仲恺，两天后炮轰总统府。

黑沉沉的夏夜，广州被沉闷与压抑所笼罩。一间装了铁窗的房子，廖仲恺被几个士兵押着推了进来，给他加上了锁链。

廖仲恺身上穿着一件很脏的衬衫，还有一条破了洞的裤子，脚上戴着铁链，双手扶着装有铁条的窗户。

远处观音山上炮火轰鸣，一团团的浓烟直冲云霄。观音山上的总统府，火光冲天。粤军总司令陈炯明勾结北洋军阀，背叛了孙中山先生，疯狂炮击总统府。

几个士兵在牢房外面谈论着总统府被攻克的消息。监狱中，廖仲恺面对死亡的威胁，留诗向夫人何香凝诀别："后事凭君独任劳，莫教辜负女中豪；我身虽去灵明在，胜似屠门握杀刀。"诗歌表现了先生的大义凛然，准备慷慨赴义。

廖仲恺抓住铁窗的双手颤抖起来，为大总统孙先生的安危焦急万分，为中华民族的前途怅叹。

窗外大雨继续下着。廖仲恺的夫人何香凝已经托人把女儿梦醒、儿子承志转移到香港。她一个人吃力地走在白云山上，不仅浑身湿透了，衣服上还沾上了许多泥点。山上陈炯明的司令部客厅，聚集了不少军官正在开会。

何香凝突然出现在会议厅的门口,使陈炯明惊慌失措。有一名军官拔出手枪,向何香凝走去,企图将她赶出屋子。何香凝对此视而不见,当着众人的面,指责陈炯明:"听说你要杀廖仲恺,还要杀我,我现在自己送上门来了!"随后,何香凝列举了廖仲恺多次对陈炯明及其粤军的支持,其中为了帮助陈炯明渡过难关,甚至自作主张将孙中山在上海的住宅抵押了,将所得的押金给粤军做军饷。陈炯明担心降低自己的威望,只好释放廖仲恺。在何香凝离开之后,陈炯明马上命令自己的亲信前去暗杀廖仲恺。

何香凝在一名军官的带领下,来到关押廖仲恺的地方。何香凝扑到伤痕累累的廖仲恺身上,廖仲恺轻轻地拍着何香凝,张口就问孙中山先生的安全情况。何香凝回答道:"孙先生脱身了,庆龄夫人陪他上了永丰舰!"

廖仲恺想问什么,何香凝用眼色制止了他。那位军官向门口站岗的士兵吩咐了一句,士兵走到廖仲恺面前,替他打开了脚镣。何香凝搀扶着廖仲恺急忙离开白云山,说:"陈炯明勉强答应释放了你,说不定他现在已经派部队来暗杀你,咱们从码头坐船离开,船票已经买好了。"

傍晚码头上,陈炯明的亲信迅速地向岸边跑了过来。这时,郑剑正用小船送廖仲恺他们登上去香港的货轮。

小船上,廖仲恺问正在划船的郑剑:"你是国民党员吗?"

"廖先生,恕我直言,国民党现在太杂了,官僚、政客、军阀,都成了国民党员,这样的党⋯⋯"郑剑摇着头说。

廖仲恺并没有生气,说:"假使我能再回到广州,一定来找你。"

岸上,陈炯明派来的追兵已经到了码头。他们扑了个空,廖仲恺已经坐船离开了。

1922年秋天,廖仲恺和何香凝来到上海。在上海的外滩上聚集着很多记者，廖仲恺刚下船，记者就挤上来，请廖仲恺谈谈对时局的看法。廖仲恺想了一下，缓缓说道："中国赶走了大皇帝，又来了许多小皇帝。这些小皇帝听命于外国主子，联成一气欺压民众，这就是中国的现状。"那位记者感叹着："精辟呀，精辟！"旁边另一个记者问廖仲恺："那么国民党呢？这次陈炯明倒戈，是否标志着国民党的一蹶不振？"廖仲恺瞥了这个记者一眼，说："这是你的希望吗？请你记住孙先生最近发表的谈话：一息尚存，此志不懈。"

奉孙中山之命，前来接廖仲恺的两名官员是胡汉民和林直勉。他们帮助廖仲恺摆脱了记者，随后一起开车离开码头。

轿车里面，廖仲恺夫妇分别坐在胡汉民两边。胡汉民对何香凝说："廖仲恺这次能脱险全亏了你啊，孙先生常说中国妇女界要是多几个何香凝，革命就更有希望了。"

"我就是胆子大一些罢了。"何香凝谦虚地说。

胡汉民和林直勉将廖仲恺夫妇安置在一所中等的中式旅馆中。在旅馆里，胡汉民和林直勉向廖仲恺挑拨说，现在孙中山先生已经变了，他在接近共产党的李大钊，却听不进忠言善告。他们二人还极力怂恿廖仲恺去说服孙中山，接受他俩提出的联合北方军阀和滇桂军阀一起"讨伐"陈炯明的主张。

廖仲恺并没有接受胡汉民、林直勉的说法，反而从他们话的反面想到怎么能使得国民革命更好地进行下去。

廖仲恺夫妇没有在旅馆做任何停留，马上来到孙中山在上海的公寓。在这里，廖仲恺遇见了李大钊，他们一见如故。两个人在院子边缘的树荫下边走边聊。

廖仲恺问的第一句话就是关于中国革命的："你对中国革命的看法？"

李大钊慢慢地说道："现在列强当中，有哪一个愿意帮助中国革命？他们要扶植的是袁世凯，是曹锟，是吴佩孚。帝国主义希望中国就这样混乱下去，这一点，你比我有更深切的感受。"

廖仲恺十分同意李大钊的话，并说："对啊！帝国主义不仅希望中国纷争混乱，他们还要在中国扶植他们的傀儡。我刚下船，就有人告诉我，说你在包围孙先生。"

李大钊笑着回答："孙先生是容易被包围的人吗？"

廖仲恺和李大钊两个人来到院子里的长椅旁，坐下来继续聊天。

李大钊问廖仲恺："你知道孙先生本人对国民党现状的看法吗？"

"你是说近来吗？"廖仲恺疑惑地说。

李大钊说："陈炯明的叛变，对孙先生说来是最痛心的。他最近告诉我，种种事实说明，若要革命成功，必须使国民党获得新生。"

廖仲恺低头望着那绿油油的草地，思索着李大钊的话。廖仲恺弯下腰用手拨弄了一下嫩绿的叶子，抬起头对李大钊说："孙先生对本党的看法是透彻的，我相信他一定对这个问题已经有了新的看法。"

二

在公寓门口不远处，有一个人鬼鬼祟祟的，不时地向周围观望。对于孙中山的公寓门口，他仿佛最为注意，巡视般地看着。他极为小心，只要附近有任何动静，马上装作一副散步的样子。

孙中山和夫人宋庆龄急匆匆地走着，由于一心想早点见到廖仲恺夫妇，也顾不得路边盯梢的人，直直地赶往家中。

孙中山回到公寓，发现廖仲恺和李大钊谈得十分投机，非常高兴。孙中山兴奋地告诉廖仲恺，李大钊在自己的介绍下加入了国民党。孙中山对于国民党内部某些元老的腐败堕落和背叛革命感到痛心之极。这些问题使得孙中山决定改组国民党，随后将改组的具体事宜交给廖仲恺，派他做代表去和苏俄代表越飞在日本进行会谈。

美丽的富士山下，廖仲恺走进一家旅店，询问老板娘是否见到一位叫越飞的俄国人。由于被特务盯梢，没能见到苏俄代表越飞，他立即回上海请示孙中山，决定再次东渡日本。

这一次廖仲恺改变主意，带着女儿廖梦醒一起去。正逢樱花盛开时节，他们和日本朋友共度这个美好时光，并借助日本朋友找到了苏俄代表越飞。为了避开日本特务，廖仲恺和越飞不断变化会谈方式。最终，廖仲恺和越飞的会谈十分成功，为孙中山"联俄、联共、扶助农工"的三大政策奠定了基础。与此同时，孙中山在国内利用滇桂联军，驱逐了陈炯明，光复广州。然而，滇桂联军打着革命的旗号进驻广州后，大肆搜刮民脂民膏。滇桂军人在广州横行霸道，激起了群众的强烈不满。

沿江马路上，学生领袖郑剑告诉女青年碧影："孙中山先生很快就回到广州，就任大元帅，廖仲恺先生也从日本回来了。中央（中国共产党）指示我们，要积极协助国民党搞好改组工作。"

这时，马路上传来欢呼声，人群如潮水般地向前涌去。孙中山夫妇乘坐汽车从人群中穿过。孙中山怀着胜利的喜悦向民众挥手，感慨地说："我们终于又回来了！你看，民众的情绪多么热烈！"

廖仲恺也回到广州，进行国民党内部改革，但是改组工作陷入重重困难之中。改组过程中，汪精卫只是派人将他的话转达给廖仲恺："关于改组广东支部的事，都由廖仲恺全权负责。"汪精卫把改组的所有事情都交给廖仲恺，自己对于改组事宜毫不理会。国民党许多要员表示只想做官，不想革命，拒绝同共产党合作。廖仲恺陷入孤军奋战的境地。

这时，廖仲恺手里没人没钱，虽然孙中山任命廖仲恺为财政部长，但是原先的主要财源银行存款和税局的钱款，现在统统被驻军司令杨希闵掳去了。国库严重空虚，广州大批难民无力救济，就连大元帅府和党部都经费奇缺，甚至到了连机关伙食都开不出的地步。与此同时，帝国主义挑衅地扬言，国民政府要取得海关的关税，只能到他们军舰上去要。四面楚歌的廖仲恺没有一丝动摇，决定先找杨希闵收回财权。

广州沙面，一家飘着英国国旗的豪华旅馆中，滇桂联军总司令杨希闵正在一个包间里喝茶。廖仲恺直接进来，开门见山地问杨希闵要财权。杨希闵傲慢地讥讽说："政府不养活军队，反过来找军队要钱！"在一阵争吵之后，廖仲恺勃然大怒，义正词严地告诫杨希闵，必须服从大元帅府的命令。说完，廖仲恺拿起帽子走出旅馆。

廖仲恺闷闷不乐地回到家中，家里的两个孩子马上围了过来。廖仲恺带着两个孩子去逛街。

书房中，何香凝写着"妇女解放宣言"。这时廖仲恺带着两个手拿礼物的孩子回来了。廖仲恺和夫人何香凝聊了两句，就坐在沙发上，一字一句地念起："西风芦胗耐人寻，天涯呖遍，依旧故园心……"

何香凝站起来说："你怎么念起这首词来了？依旧故园心？你的故园在哪里？"廖仲恺眨了眨眼，不知道该说些什么。何香凝让廖仲恺站起来，并对他说："起来！你现在可不能有这种情绪。"

廖仲恺叹口气说："现在要钱没钱，改组党的阻力又这么大。"

办公室中，廖仲恺的堂兄弟从惠州跑来向他抱怨乡下的生活。"有个共产党员彭湃，同国民党里的一些党员在乡下到处活动，带领农民成立农民协会，进行抗租、抗债……"听到这里，廖仲恺喜悦地对何香凝说："要是这样，乡里的情况不错嘛！国共两党已经在下面联合行动了。"

廖仲恺的堂妹夫因为乡里面农协到处活动，日子过得不如从前，遂开口问廖仲恺要官做。廖仲恺按照他的能力给了他一个文书的职务。他嫌弃文书官轻权小，直接翻脸走人。

这时，秘书走进来给廖仲恺送来一封信。这封信是李大钊、林伯渠写的，信上说：共产党要送来大批的干部。毛泽东和周恩来不久就要到达广州。这个消息对于廖仲恺来说，无疑是雪中送炭。廖仲恺赶忙吩咐人去家里准备。

晚上，廖仲恺在家门口亲自迎接共产党派来的青年们。廖仲恺和这几个青年同志聊得十分愉快。

何香凝来到廖仲恺的办公室，从包里拿出一份报纸，告诉廖仲恺有许多人对于改组的事不满，在各方面要包围攻击他。廖仲恺沉着地说："假如老天爷再给我几年生命，哪怕是三五年吧，让我从事国民革命，我自信必有成效可观。"

何香凝感动地说："你是这样的人！"

"我现在的所作所为，是从血的教训中得来的。任何人反对，我都不怕。"廖仲恺严肃地说。

国民党反动势力想在即将召开的国民党第一次代表大会上争取更大的权力，从而破坏国民党改组和"联俄、联共、扶助农工"三大政策。英国大买办陈廉伯为商团购置武器，并指使国民党右派林直勉等人上书反对廖仲恺。帝国主义也找借口向国民政府施压、恐吓。

面对国民党右派的挑衅，廖仲恺毫不畏惧，要去拜访刚到广州的共产党员林伯渠、谭平山。廖仲恺的助手李行提醒他："别人正骂先生和共产党太接近，你为什么还要去拜访他们？"

"你到现在连这个最重要的道理还没想通？是谁在支持孙先生改组国民党？是谁真心实意搞革命？是共产党！共产党真心实意，你倒不放心人家！"廖仲恺边走边说。

廖仲恺几个人在共产党工作的地方，见到了李大钊，并同李大钊一起去拜会孙中山。与此同时，在大元帅府内，房里的气氛十分严肃。孙中山用手敲打着桌子，派遣人员去代表广州政府发言，让外面的商团停止游行。孙中山对着林直勉等人耐心地讲解苏联成功的经验，共产党员为了革命扎实地做扶持农工的工作。

这时，廖仲恺和李大钊在门外听得十分感动。他们安静地守候在门口。

最后孙中山坚定地宣称："党纲如果在代表大会上通不过，我也退出，我可以加入共产党！"廖仲恺和李大钊听了这席话，对孙中山既崇敬又感激。

随后，廖仲恺、李大钊和孙中山一道，参加了知县支持革命政府的盛大游行。人群充满了广州街头。大楼上、商店和工厂门口都挂上了彩旗。

中国国民党第一次全国代表大会胜利结束，大会通过了有共产党人参加起草的《中国国民党第一次全国代表大会宣言》；确立了"联俄、联共、扶助农工"三大政策；廖仲恺被选为中央执行委员、常务委员；李大钊、林伯渠、谭平山、瞿秋白当选为中央执行委员和候补委员。

三

廖仲恺为了去乡村考察扶助农工的情况，身穿简单便捷的服装，同碧影、李行一起向村里走去。廖仲恺一行人来到一个村子，里面都是破旧的房舍。

廖仲恺遇见了他那个堂兄弟，他冒充副县长，打着廖仲恺的牌子，正在声色俱厉地讲话，打压农民协会。廖仲恺上前当众戳穿他的谎言，并下令调查县长朱卓文。随后廖仲恺站在台阶上面对群众激动地说："我廖仲恺在这里郑重向诸位父老兄弟宣布，谁不拥护办农民协会，办农民自卫军，谁不支持农民运动，谁就没有资格当县长、当省长、当中央委员。我假使违背了这一诺言，诸位就请免我的职。"

群众兴奋地跳起来，有的举起红缨枪高呼，有的热泪盈眶，有的跑到廖仲恺面前，嘴唇哆嗦着，却又说不出话来。不一会儿，整个村子的人都知道廖仲恺微服私访到了本村。

广州城中的大商团负责人陈廉伯，趁着孙中山在韶关回不来，廖仲恺到乡下去的机会，大批购买军火，策划武装夺取广州。

这时，廖仲恺和几名农民自卫军的人一起回到广州。廖仲恺打算让这些农民到黄埔军校中接受短时间的训练。在码头上，郑剑发现陈廉伯和几个人上了一只大轮船，向廖仲恺报告："陈廉伯秘密购买了一批军火，已经运到广州来了。"廖仲恺命令郑剑留下来监视这条船卸下的所有货物，自己带着同他一起下船的几位农民去黄埔军校。

在黄埔军校，廖仲恺接到郑剑的电话，并将码头的情况报告给孙中山，然后命令蒋介石随时待命，利用军校的武装将陈廉伯私运的武器扣押下来。

广州商团的会场，几百个老板、会长都坐在会场上。陈廉伯站在讲台上，扬言说："廖仲恺敢没收我们商团武器，我就叫广州瘫痪！"陈廉伯煽动着所有商铺全部关门。第二天，街上变得冷冷清清，所有商店都没有开门，街上提着篮子准备购物的人孤零零地站在路边不知所措。

广东省政府，廖仲恺的办公室里。反动派的猖狂行径，激起廖仲恺的无比义愤。廖仲恺签署通缉陈廉伯的公文，并命令公安局长吴铁城执行。但是吴铁城阳奉阴违，放走了陈廉伯。蒋介石、许崇智手握兵权，主张"和平谈判"，至于林直勉早就成了内奸，为陈廉伯通风报信，做了陈廉伯的狗腿子。这伙人沉瀣一气，轮番对廖仲恺施加压力。

在廖仲恺家中，许多国民党的要员前来劝说廖仲恺收回通缉陈廉伯令，连主持国民党中枢的汪精卫也来登门游说。所有人都遭到廖仲恺的断然拒绝。最后国民党广州支部临时召开会议，会议上否决了廖仲恺的正确决定。这对廖仲恺是很大的打击，也使他看清了一些人的真实意图。廖仲恺十分愤怒，打算辞职。

黄花岗烈士纪念碑巍然耸立，风吹动着树枝，显得很冷落。一晚上没睡的廖仲恺大早上带着夫人和孩子们登上黄花岗。廖仲恺脱下帽子肃立在那里，面对先烈，百感交集。

1924年9月20日，窃取省长之职的胡汉民下令取消廖仲恺对陈廉伯的通缉令。10月10日上午，胡汉民将枪械四千余支发还给商团。

陈廉伯公然在广场里举行商团阅兵式，并嚣张地喊出"驱逐孙文！""打倒廖仲恺！"的口号。陈廉伯命令商团武装开枪袭击庆祝"双十节"的游行队伍，血染街头。年轻的共产党员碧影壮烈牺牲。

双十惨案发生后，孙中山先生命令在国民党内成立革命委员会，廖仲恺为全权代表。廖仲恺在中国共产党的支持下，开始平息商团叛乱。廖仲恺集合了黄埔军校里的学生，同回省平叛的湘粤军、工团军、农民自卫军配合作战，务必一举歼灭商团，逮捕陈廉伯，巩固广东革命据点。

广州城里大街小巷都发生了激战。没多久，许多人从商团据点里走出，举着手投降了。城里一家家商店的大门重新打开，广州又恢复了正常秩序。广州市民走上街头敲锣打鼓庆祝胜利。

1924年秋，受革命影响的冯玉祥将军在北京发动政变，邀请孙中山北上，共商国家大事。轮船即将启动的时候，廖仲恺赶来送行。孙中山撇开谈话的人迎了上去，嘱托道："我还是担心本党内部。目前无论军事和政治，中共同志已成为我们的重要帮手，必须坚持这个联合！"

轮船鸣起了汽笛。廖仲恺和何香凝等人走下船来。孙中山站在甲板上，挥动着帽子，向广州人民告别。谁知码头一别竟成了永别。

四

1925年3月12日，民主革命的伟大先驱者孙中山，因病在北平逝世。孙中山先生与世长辞的消息传来，举国哀悼。

轮船汽笛悲鸣，工厂汽笛悲鸣，空中飘来了哀乐。大元帅府上的旗帜垂了下来。

广州孙中山追悼会上，廖仲恺站在孙中山遗像下面，广州各界人物都神情肃穆地站在周围。工人、农民、军官学校的学生，排成整齐的队伍，手中拿着武器，注视着主席台。广州街头，人们悲痛地哭泣着，空中响起一片呜咽声。

廖仲恺的声音在空中飘荡："孙中山先生逝世了，但是国民革命一定要继续下去。农友们，工友们，我们的革命军人们，各界进步的朋友们，商团事件是靠你们打下去的，第一次东征也是依靠你们取得了胜利，今后广州政府的困难，还是要依靠你们来克服。让我们遵照孙先生的遗嘱，团结起来，警惕一切可能发生的反革命的阴谋活动！"

1925年6月23日，帝国主义在广州沙面，向为支援五卅惨案示威的工人游行队伍开枪，酿成惨剧。6月29日，震惊中外的省港大罢工爆发了。

广州城街道上出现了浩浩荡荡的工人游行队伍。工人队伍高呼口号："打倒帝国主义！""为五卅惨案牺牲的工人兄弟报仇！""为沙基惨案牺牲的工人兄弟报仇！"

广东革命政府里，廖仲恺表示要全力支持工人罢工，安置从香港回来的罢工工人，将这场罢工运动当作中华民族现在最大的事情。随后，廖仲恺等人从政府里面走出来，走进工人队伍里去了。

胡汝民却纠集胡毅生、林直勉之流，软硬兼施，密谋对付廖仲恺。他邀请廖仲恺赴宴叙旧，劝廖仲恺超脱点，不要太在意群众。

廖仲恺放下茶杯，对他说："汝民兄，在当前的中国，谈超脱未免有点太早。国民正处于水深火热之中，帝国主义还在如此欺侮我们，你我从青年时代，就立志为国为民献身，事业未成，哪里谈得上什么超脱？汝民兄，我们应当记住孙先生的'革命尚未成功，同志仍须努力'的嘱咐，跟上民众的步伐。"

胡汝民对此不以为然，说："今天我是找你来叙旧的，不谈论政治。"胡汉民还想以儿女干亲的关系继续纠缠。廖仲恺见他听不进去，知他难以回头，痛心地告辞而去。

与此同时，文华堂中乌烟瘴气，到处都是反对共产党、反对廖仲恺改组国民党的叫声。此刻林直勉领着朱卓文钻进楼上的黑屋，策划罪恶的勾当。

反动派准备用最卑劣的手段对待廖仲恺。人们纷纷担心廖仲恺的安全。周恩来同志安排郑剑在廖仲恺身边工作，同时负责保护廖仲恺的安全。妻子何香凝也提醒廖仲恺多注意防范。她希望廖仲恺减少出门的次数，但是廖仲恺反驳道："这样不是就和工友、农友隔离开来了吗？那叫什么革命者！"何香凝喊来李行，增加廖仲恺身边的卫兵，廖仲恺说："要是我天天带着卫兵去工会、农会、学生当中，他们还会对革命有信心吗？总之，生死由他去，革命我是不能放松的。"

廖仲恺说完这些，扭头问他的两个孩子梦醒和承志："那年陈炯明要杀我的时候，我给你们写过一首诗，你们还记得吗？"

梦醒说："记得。爸爸。"接着她一字一句地念起来："女勿悲，儿勿啼，阿爹去矣不言归！……"

廖仲恺打断道："重要的是下面几句……"

廖承志接过话来，说："是不是这几句：阿爹苦乐与前同，只欠从前一躯壳。躯壳本是臭皮囊，百岁会当委沟壑。人生最重是精神，精神日新德日新……"

他停顿了一下，接着说，"下午，我们去看看罢工工人的生活情况。"

街上，工人纠察队正在巡逻。廖仲恺看着雄赳赳的队伍，欣慰地笑了起来。

廖仲恺来到工会，慷慨激昂地发表演讲，热情地鼓励大家将革命进行到底。工人们的热情很高，口中高喊："打倒帝国主义！打倒军阀！打倒反革命派！"

1925年8月22日早晨。广州城中，学生们背着书包，唱着"打倒列强"的歌上学；工人纠察队踏着整齐有力的脚步巡逻；黄埔的军号声响起，早操已经开始了；近郊农民协会的旗子在晨风中飘扬。

阳台上，几盆小花含着露珠。廖仲恺站在这里眺望着朝阳下的广州。廖仲恺眉头紧锁，脑中还想着黄埔军校送来的公文。这几天因黄埔军校的经费还没有着落，廖仲恺急得吃不下饭。

何香凝走过来，提醒他该去参加中央党部会议了。廖仲恺三口两口喝完稀饭，把公文向口袋里一揣，乘着汽车匆匆地赶往中央党部。

廖仲恺他们乘坐的汽车驶进中央党部停住了。廖仲恺、何香凝和李行先后从汽车里走下来。廖仲恺告别妻子何香凝，和李行向门口走去。

狭小的院子，只有风吹树梢在动。突然，枪声在党部门里响了起来。何香凝和郑剑赶忙回头，发现廖仲恺和李行已经倒在了地上。郑剑大喊一声："廖先生。"然后扭头朝街上喊，"快来人！有人行刺廖仲恺先生！"

门里又射出几颗子弹，然后几个凶手从里面冲了出来。街上，工人纠察队和警察闻声赶了过来，他们向跑出来的凶手开枪射击。

何香凝哭喊着："仲恺！"鲜血从廖仲恺的身上向外流着。周围的人越来越多，哭喊声响成一片，回荡在空中。

廖梦醒和廖承志走在哀悼队伍的最前列，四面八方不断地有人向这里涌来。人们汇成巨流，工人、农民、学生、士兵，广州各界的群众都来为廖仲恺送行，到处都是哭声。

廖仲恺被暗杀的消息一传出，举世震惊。广州各界群众为失去一个卓越的革命领导人而沉痛哀悼，参加吊唁者达二十多万人。何香凝写了一首诗："辗转兰床独抱衾，起来重读柏舟吟。月明霜冷人何处？影薄灯残夜自深。入梦相逢知不易，返魂无术恨难禁。哀思惟奋酬君愿，报国何时尽此心。"诗中所言"酬君愿"和"报国何时尽此心"成了她日后行动的誓言，至死不渝。

廖仲恺被暗杀以后，中国共产党人继承和发展了孙中山的民主革命事业。宋庆龄和何香凝也始终是共产党的亲密合作伙伴。

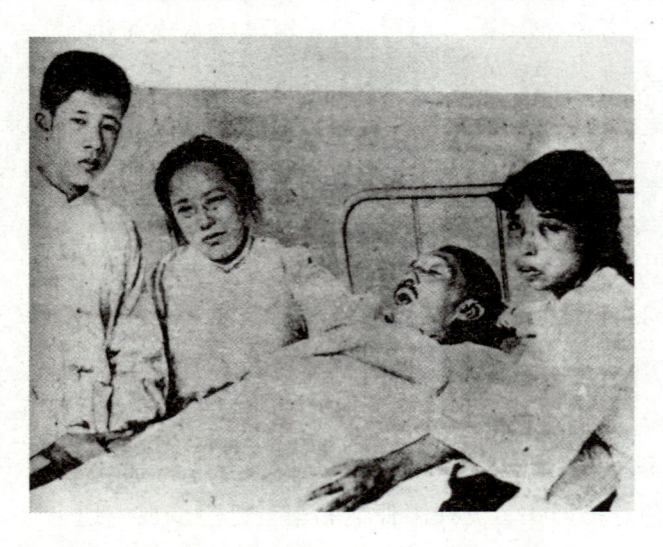

国民革命军北伐的队伍只能拿着廖仲恺的遗像出发了。画像上的廖仲恺目光炯炯，好像是在说："你们是祖国的希望，祖国的未来就由你们来谱写。"

影评选粹

浓墨重彩·文献性

在影片的构思中，编剧鲁彦周和导演汤晓丹舍弃了对人物20年漫长革命生涯的平铺直叙，而是用浓墨重彩集中笔力描述他生命旅程里最后3年的辉煌经历，使其高尚的精神品格得到最集中、最生动的展示。

《廖仲恺》摄制组的各个部门互相配合，充分发挥专业功能的作用，最大限度地调动艺术和技术手段，实现丰富、完善、理想的总体构思。影片既以磅礴的气势和鲜明的节奏展现出廖仲恺所经历的疾风骤雨般的动荡时局，又细腻地再现了历史人物置身于重大历史事件发生、发展过程中的感情起伏和思想变化。

《廖仲恺》是一部以真实历史为基础的史诗风格的文献故事片，同时它又是革命历史故事片。人物和真实的历史事件有机地糅合在一起，使得人物形象生动充满活力。影片既像一幅泼墨重彩、大气磅礴、慷慨悲壮的大写意历史画卷，也像一幅工艺小品，精雕细刻，抒情、风趣地描写了夫妻情深、儿女情长。两者完美结合，使得影片成功地完成了追求历史真实与艺术真实的和谐统一。影片还以大量细节渲染了廖仲恺对妻子儿女的挚爱之情，向既是妻子又是战友的何香凝吐露肺腑之言，言来语去中的幽默调侃，在百忙中带孩子去买礼物，这些都是主人公亲情的自然流露。于刀光剑影中穿插这些生活轶事，不仅使人物形象富有立体感，也增加了影片的历史真实感，还使影片更富于张弛动静的节奏变化。

这部影片具有一定的文献价值。摄制组资料员千方百计地找来了20世纪20年代与廖仲恺生平事迹有关的报纸、图片、文史资料、回忆录等等，同时用录音机反复播放廖仲恺的亲人、亲友的讲话，使得影片《廖仲恺》经得起历史资料的核实检验。影片中历史事件的真实表现，有助于廖仲恺爱国主义精神的良好再现。对于影片中孙中山回广州、双十惨案、平定商团叛乱、孙中山逝世、省港大罢工等重大历史事件，导演都力求真实地再现历史原貌，并能与人物命运紧密交织在一起，使得影片中的人物更加生动。

拍摄过程中，对众多群众场面的处理，如几千人的送葬队伍，用多机多角度抢拍，把当时民众情绪像新闻记录片一样拍摄下来，增加了影片的历史感和文献价值。

服装设计非常到位。所有重要人物的服装，都是按照典型环境中典型人物的活动需要，制作出来的。设计小组特别注意各军队的军衔标志和军服色彩，经过多方面查阅历史资料后重新制作影片中的各种军服。

精彩回放

廖仲恺被陈炯明拘捕的恶风险浪中。监牢外面，粤军总司令陈炯明勾结北洋军阀，背叛了孙中山先生，疯狂炮击总统府。观音山上炮火轰鸣，一团团浓烟冲入天空。廖仲恺身穿一件破烂不堪的囚服，脚上戴着沉重的脚镣，用受伤的手在墙上吃力地刻写出流芳后世的七言诗《留诀内子》："后事凭君独任劳，莫教辜负女中豪；我身虽去灵明在，胜似屠门握杀刀。"这首诗既表达了革命者以身殉国的坚定决心，又表达了对夫人无限信赖之意。

廖仲恺对子女非常疼爱，十分注意对他们的教育。廖仲恺在被陈炯明拘捕期间，预感到死亡时，不仅有给夫人的诀别诗，也给廖梦醒和廖承志写了一首诗。

在国民党右派和帝国主义对廖仲恺恨之入骨，准备阴谋杀害他的前夕，共产党员郑剑赶到廖仲恺家中，提醒廖仲恺注意安全。何香凝和廖梦醒、廖承志都为廖仲恺的生命安全担忧时，廖仲恺明知敌人不会放过自己，但他决不屈服。廖仲恺语重心长地问他的两个孩子梦醒和承志："那年陈炯明要杀我的时候，我给你们写过一首诗，还记得吗？"

梦醒说："记得。爸爸。"接着她一字一句地念起来："女勿悲，儿勿啼，阿爹去矣不言归！……"

廖仲恺打断道:"重要的是下面几句……"

廖承志接过话来,说:"是不是这几句:阿爹苦乐与前同,只欠从前一躯壳。躯壳本是臭皮囊,百岁会当委沟壑。人生最重是精神,精神日新德日新……"

廖仲恺对何香凝他们说:"听见没有,人生最重是精神,精神日新德日新……"

我的 1919

中国不能失去山东就像西方不能失去耶路撒冷。

请你们记住,请你们记住,中国人民永远不会忘记这痛心的一天。

——顾维钧

影片档案

出品:西安电影制片厂、电影卫星频道节目制作中心、北京电影制片厂

编剧:黄 丹 唐娄彝

导演:黄健中

摄影:张中平

主演:陈道明 修宗迪 何政军

荣誉成就

荣获1999年华表奖优秀故事片奖、优秀男演员奖，2000年金鸡奖最佳男主角奖。

影片史料

巴黎和会

第一次世界大战结束后的1919年1月18日—6月28日，在巴黎举行会议，参加者有英、法、美、意等27国的代表。会议完全为美、英、法三国所操纵。会上签订了《凡尔赛合约》，通过了《国际联盟盟约》。但是和会无视中国的主权及其战胜国的地位，非法决定让日本继承战前德国在山东的特权。于是中国人民掀起了"五四"爱国运动，迫使中国代表团拒绝在合约上签字。

1919年，顾维钧作为中国政府的全权代表赴法国参加巴黎和会。

电影《我的1919》围绕1919年中国外交代表团在巴黎和会上拒绝签订丧权辱国的和约而展开。

顾维钧

顾维钧（1888—1985年），字少川，江苏嘉定人。上海圣约翰书院毕业。1912年获美国哥伦比亚大学博士学位。曾任驻美公使。1919年参加巴黎和会，力争收回山东权益。次年任驻英国公使。1922年后任北洋政府外交总长、国务总理、财政总长。1931年后任国民政府外交总长，驻法、英、美等国大使。1945年出席旧金山会议，任中国代表团首席代表，参与起草联合国宪章。1957年后任海牙国际法庭法官、副庭长。1967年后定居美国。著有《顾维钧回忆录》。

剧情故事

弱国无外交。在巴黎和会上，最高委员会无视中国人民的反对，出卖了作为战胜国的中国。中国代表团一致决定，拒绝在合约上签字。中国是唯一一个没有在合约上签字的国家。中国人终于第一次向列强说出了"不"的最强声音。

一

1919年，巴黎圣心教堂的街道上，顾维钧的马车穿过窄窄的街道，突然遭到几个退伍老兵的抢劫。他们站在狭窄的街道中间，眼睛里充满了愤怒，就像是一道黑色的墙壁一样。突然马车的玻璃被击碎了，退伍兵跑向顾维钧的马车。

顾维钧穿着被撕破的礼服，脸上带着明显的血瘀急匆匆地来到吕特蒂旅馆（中国代表团驻地）参加即将举行的升旗仪式。围观的人群惊愕地看着他。

巴黎和会期间发生了一件非常棘手的事情。中国代表团希望通过巴黎和会，从德国手中收回山东，废除"二十一条"，取消德国人在华的特权。不幸的是，和会开幕前几天，代表团突然得到通知，中国原本应该获得的五个代表的席位，却只分配了两个名额。这让年轻气盛的顾维钧非常气愤，于是他随着陆征祥来到法国总理官邸进行交涉。

此时，巴黎和会的主席、法国总理克里孟梭正在和他的助手练习击剑。身着长袍马褂的陆征祥和一身官服的顾维钧在工作人员的带领下来到了总理官邸。

陆征祥开门见山地说道："战争中，贵国和英国政府向中国保证，如果中国参战，战事结束后将以大国相待。中国应该获得五个席位。但是，和会现在通知我们，中国只能获得两个席位。"

克里孟梭耸耸肩，说道："关于中国的席位问题，日本方面态度非常强硬。他们甚至不希望中国出席和会。他们认为，中国参战太晚，没有对协约国做出什么贡献。法国一向主张贵国拥有五个席位，但是仅仅有法国的支持是不够的。我们已经做了最大的努力。作为和会主席，必须考虑到大多数国家的利益。"

顾维钧平静地说道："总理阁下，您说得对，但是，不能以牺牲他国利益为前提。这是和平的会议，应该是公正的、平等的！中国应该获得五个席位！"

克里孟梭突然话锋一转，说道："年轻人，我非常欣赏你，我会给你一个满意的答复。听说你画了一幅漫画，漫画里你把我画成了一只老虎。你可是第一个把我画成老虎的人，能不能把它送给我？"

于是，顾维钧在漫画上签上自己的名字，将这幅漫画送给了克里孟梭。

顾维钧走进火车站大厅，一群妓女蜂拥而上，顾维钧装作没看到，只顾看着前面急匆匆地走路。他来这里是受好朋友肖克俭之托接梅。梅和肖克俭、顾维钧从小一起长大，他们一起快乐地嬉戏，一起快乐地学习。梅和肖克俭更是青梅竹马，两小无猜。

大厅里的旅客急流似的离去，只有衣着单薄的梅一个人提着两只沉甸甸的箱子焦急地站在那里向四处张望。终于她发现了顾维钧，欣喜若狂地奔了过去，二人一起走出了候车大厅。

顾维钧房子的壁炉里木柴旺盛地燃烧着，顾维钧又向壁炉中添了一根木柴。梅望着默默无言的顾维钧说道："少川，你跟我说实话，他到底出了什么事？"顾维钧犹豫了一下，心里犯了嘀咕，不知道该不该告诉梅真相。

梅往前面靠了靠，以便尽量能和顾维钧离得近一些。她看着顾维钧的眼睛，一字一顿地说道："我是他的妻子，我有必要知道他的一切。"

顾维钧故作轻松地说道:"他还能干嘛?罢工,游行,最后让警察拘捕了呗。"

梅摇了摇头,苦恼地说道:"我还以为他到法国来会改变以往的做法,没想到他的行为好像比在国内还激烈。"

顾维钧继续说道:"这一点也不奇怪,这就是他的追求,他的理想。我跟他有争论,这你也知道,可是他这么做是有助于国家呢,还是有助于社会?"

梅不知如何回答。

吕特蒂旅馆的会议室里,陆征祥、顾维钧、王正廷等主要成员围坐在长桌两旁,气氛非常压抑。陆征祥拍了拍手中的文件:"和会秘书长正式通知我们,中国还是只有两个席位。席位虽然不能增加,但我们五名代表可以轮流出席。"

王正廷忿忿地说道:"在他们眼里,中国算什么?忍耐?难道我们中国人忍耐得还不够吗?!"

陆征祥冷静地说道："如果发脾气能够给中国带来利益，就请尽管发好了。只是我想提醒诸位，我们面临的困难越来越大。在这次和会上要解决的取消大国在中国的特权，和中日'二十一条'都已经遭到拒绝，只剩下山东问题可以讨论了。我向诸位交个底吧，我离国之前，得到政府明确指令，"他拿出刚才的文件继续说道，"关于东方之事，中日双方代表应该协商解决。"

王正廷气愤地说道："我们是来参加和会的，不是来和日本进行协商的。如果这样的话，我们还不如撤出和会。"

顾维钧抬起一直低垂的头说道："撤出？这恐怕不太妥当吧，我倒觉得现在再讨论什么席位问题已经没有什么意义了。倒是刚才陆总长所说的，关于中国和日本政府之间的'二十一条'以及其他秘密协议是目前急需要商讨的问题。当然我希望政府所说的'两国协商'，别到头来又变成中国的妥协。"

陆征祥惊异地回头看着顾维钧。

二

此时的肖克俭正在巴黎警察局办理出狱手续。一个肥胖的警察坐在桌子前，不紧不慢地把肖克俭的东西放进纸口袋里。突然他举起了玉麒麟问道："这是什么？"

肖克俭轻松地说道："麒麟。"

胖警察又继续问道："什么？是什么？"

肖克俭想了一会儿说道："麒麟，中国传说中的一种吉祥物。"

胖警察非常羡慕地赞叹道："太美了！太美了！"然后他恋恋不舍地把玉麒麟放入纸袋里交给肖克俭。肖克俭接过纸口袋不慌不忙地将钢笔插在口袋里，戴上手表，将钥匙和打火机分别放进西装两旁的口袋，这才拿出玉麒麟小心翼翼地挂在脖子上，向自己的住处走去。

肖克俭打开自己的小阁楼突然一怔，只见自己的房子里面乱糟糟的：地上放着两只箱子。一只箱子被打开了，里面装有肖克俭和梅的合照以及杂志、书籍。另一只箱子也被打开，同样是报纸、杂志和书籍。梅正坐在一边幽幽地看着他。

肖克俭兴奋不已："我真想不出来，这么重的东西，你是怎么拿来的？"

梅兴奋地说道："我知道你需要它们。"

肖克俭坐在椅子上，贪婪地翻阅着箱子里的书籍，头也不回地问道："梅，你带来的这些报纸、书籍真是太重要了。这些照片你是从哪里弄到的？"

梅笑着说道："燕京大学郭教授给的。他说是一战期间一个中国记者在欧洲战场上拍的，后面还有注释。"

肖克俭异常激动地说道："这些资料太重要了！明天一早我就给少川送去。"

梅望着自己的丈夫说道："你不准备睡觉了？"

肖克俭回过头来抱歉地说道："梅，真对不起，让你受委屈了，你先睡吧。这些资料太重要了，我要把这些照片、资料整理出个头绪。少川肯定会有用的，你先去睡吧。"

梅突然感到一种满足：原来他还是在乎我的，我还以为他让我过来只是让我给他带书，从来都已经把我忘了，看来他的心里还是有我的。想到这里，梅心里突然感到非常快乐，对于肖克俭在法国的各种过激行为的讨厌、反感一下子被抛到九霄云外去了。

法国外交部会议室的楼道中，日本代表牧野伸显不小心将金怀表掉到地上，但是他没有发现径直走了。这时，走在他后面的顾维钧弯下腰去将金表捡了起来。

轮到日本代表发言时，牧野伸显傲慢地说道："主席阁下，关于山东问题，日本政府和中国政府早已签订了'二十一条'，不需要在这个会议上来讨论了。我国政府二战期间对协约国做出了重大的贡献。而中国，是未出一兵一卒的战胜国。试问，这样的国家难道也有脸面到这个会场上来吗？我不知道，他们还有没有勇气到这个讲台上来讲话。"说完牧野洋洋得意地看着中国代表这边。

当牧野伸显陈述完日本政府关于中国山东问题的观点之后，顾维钧将从地上捡到的牧野的金表拿出来说道："进入会场之前，牧野先生为了讨好我，争得中国山东省的特权，把这块金表送给我了。"

牧野愤怒地站了起来："我抗议，这是盗窃行为，中国代表偷了我的怀表，在全世界面前公开地盗窃！无耻！极端的无耻！"全场一片哗然。

顾维钧笑着说道："牧野男爵愤怒了，他真的愤怒了！姑且就算我偷了你的金表，那么我倒想问问牧野男爵，你们日本，"说到这里，顾维钧突然变色，气愤地大声说道，"在全世界面前偷窃了中国的一个山东省，山东省的三千六百万人民，该不该愤怒呢？四万万中国人民该不该愤怒？请问日本的这个行为算不算偷窃？是不是无耻？是不是极端的无耻？"会场的观众恍然大悟，对顾维钧报以赞扬。主席团的英美代

表对顾维钧义正词严的指责赞不绝口。

等大家稍稍安静下来之后,顾维钧继续阐明自己的观点:"山东是中国文化的摇篮,中国的圣贤孔子、孟子就诞生在这片土地上。孔子,犹如西方的耶稣。山东是中国的,不论是从经济上、战略上,还是宗教文化上。中国不能失去山东,就像西方不能失去耶路撒冷。"

紧接着顾维钧说道:"尊敬的主席阁下,尊敬的各位代表,我很高兴能代表中国参加此次和会。我自感责任重大,因为我是代表了占世界人口四分之一的中国在这里发言。刚才牧野先生说,中国是未出一兵一卒的战胜国,这是无视最起码的事实。请看这些照片。这一张张战争期间的照片。"各国代表认真地倾听着顾维钧的发言。

顾维钧收起照片继续说道:"战争期间,中国派往欧洲战场的劳工就达14万。他们遍布战场的各个角落。他们和所有的战胜国的军人一样流血、牺牲。请看,这是一张在法国战场上牺牲的华工墓地的照片。"

他又慷慨激昂地说道:"而这样的墓地在法国、在欧洲就有十几个。他们大多来自中国的山东省!他们为了什么?就是为了赢得这场战争!换回自己家园的和平与安宁。因此,中国代表团深信会议在讨论中国山东省问题的时候,会考虑到中国的基本合法权益,也就是主权和领土完整,否则亚洲将会有无数的灵魂在哭泣,世界不会得到安宁。我的话讲完了,谢谢!"

威尔逊首先鼓掌,紧接着克里孟梭也开始鼓掌,一下子会场里响起了热烈的掌声。紧接着,其他国家的首脑纷纷走向顾维钧,握手致意。

三

在发言后的第二天,顾维钧突然接到美国代表团顾问威廉士先生的紧急约见。于是他来到坐落在巴黎郊外的皮埃尔古堡。这时先到的威廉士先生站起来向他打招呼。威廉士显得有些不自然。顾维钧走到威廉士面前,注意到餐桌上摆放着三套餐具,他急忙问道:"我们今天还有其他的客人吗?"

威廉士无奈地说道:"我到现在还是没有想明白,我为什么要扮演这么一个尴尬的角色。你知道,我一向对日本人没有太多的好感。我实在是受威尔逊总统的委托。"

顾维钧立刻明白过来了,"那我猜这位客人一定是牧野先生吧!"

这时牧野刚好走了进来,他面带笑容礼貌而又热情地向顾维钧和威廉士问好。侍者将西餐送到每个人面前,并给他们每人斟满酒。威廉士举起杯子说道:"为我们的友谊和合作干杯。"牧野也举起了酒杯。但是顾维钧看了一眼酒杯用具有讥讽的语气说道:"那么,今天我们三个国家谈判的主题是什么?"

威廉士显得极为尴尬,自嘲地喝了一口酒。

牧野急忙说道:"今天请顾先生来,只是再一次向您表明日本政府以及我个人的诚意。日中两国合作是有前途的。日本对山东没有领土要求,日本只是想更好地与贵国进行经济合作。"

威廉士紧接着说道:"山东主权还是中国的,日本只获得一些经济利益。"

顾维钧头也没抬,只是认真地切着盘子中的牛排。过了一会儿,他才抬起头来说道:"这就好比一个警察捡到了一个钱包,他把钱揣进自己的腰包,而把钱包交还给失主。"听完这话,威廉士和牧野的表情都很尴尬。而这时顾维钧继续自顾自地喝着酒,吃着扇贝。酒桌气氛一下子沉闷到了极点。

过了一会儿,牧野才小心翼翼地说道:"顾先生,我们只是政府的外交官,我们应该奉命行事。"顾维钧好像没有听到似的仍然悠闲地喝着酒。牧野和威廉士更加尴尬,无可奈何地默默吃饭。

顾维钧喝完最后一杯酒之后站起来说道:"谢谢,我吃得很好!"

说完他轻快地走了出去，剩下心有不甘的牧野和尴尬的威廉士二人呆呆地坐在桌旁不知所措。

日本代表对顾维钧的软硬兼施失效后，矛头立即转向威廉士先生，指出如果和会同意将山东直接交还中国，日本将唯美国是问。

然而，此时北京政府也给陆征祥发来紧急训令，对顾维钧的行为提出了严厉的批评。原来日本政府已经向北洋政府提出了抗议，指责中国政府违反了在和会上相互协调的协定，并且他们还蛮横地要求撤换顾维钧的公使资格。北洋政府不是很赞成顾维钧在会议上慷慨陈词，告诉代表们在青岛问题上不要直接要求日本交还，并且对日本专使不可以愤争的态度来对待。其他代表对于顾维钧的年少气盛和锋芒毕露也颇有微词。王正廷和施肇基更是认为顾维钧和日本人的针锋相对是玩小伎俩，有损中国形象。最终还是陆征祥顶住了来自各方的压力，力保顾维钧，这才稳住了局面。

不久之后，法国总理克里孟梭在总理府官邸遭到刺客枪击，身中六枪。各方面都认为这件事最有可能是中国人干的，但是经过详细调查之后才发现是法国人干的。这个勇敢的法国人同情中国，对于弱小国家权益受到损害感到非常愤怒，于是他为了伸张正义袭击了自己国家的总理。而克里孟梭却一直标榜自己代表了正义，这真是具有讽刺意味。

顾维钧手捧鲜花来到克里孟梭的办公室。他友善地说道："总理阁下，知道了您受伤的消息，我马上赶来了。"

克里孟梭笑着说道："我的助手刚刚告诉我，刺客是一位法国人。如果他的消息再来得晚一些的话，我会怀疑这个凶手就是你。"他继续说道，"你来看我，我要告诉你一个好消息，由于你和中国代表的努力，我们正在考虑接受中国的提议。青岛问题将由法、英、美、意、日暂时共同接管，然后再交还给中国。"

顾维钧高兴地说道："我希望这个提案能获得最高会议的通过。"

克里孟梭无奈地耸耸肩说道:"这个提案目前遭到日本强烈的反对。他们提出贵国政府跟日本政府曾经签订的那些秘密条约。我们也知道这些不平等条约,日本人是占有理由的。"

顾维钧急忙指出中日两国政府签订的那些秘密条约,是中国在日本提出最后通牒之后被迫签订的。按照国际法准则,和平期间的条约如果是以战争威胁迫使对方签订的,可以视为无效。克里孟梭对于顾维钧的雄辩非常赞赏,但是他仍然指出如果最高会议接受了日本的提案,那么就只能怪中国政府。顾维钧恳切地请求克里孟梭在最高会议上主持公道而不是屈从日本。

然而在巴黎和会的最高会议上,日本代表发出警告,如果山东问题不按日本的主张办理,日本将不在合约上签字。英、法首脑立即支持了日本。威尔逊总统在反复权衡了美国在亚洲的利益之后,最终牺牲了中国,支持了日本。

听到这个消息之后,群情愤怒。在肖克俭的领导下,由在法的华人华侨和留学生组成的游行队伍举着大大小小的中、法文游行标语在法国总理府外抗议。游行的人们一路上大声高喊着"还我山东""中国是中国人的中国"等爱国口号。

肖克俭在向游行队伍大声地演讲:"我们受骗了,四万万中国人被出卖了!日本的外交胜利了,我们失败了!那些首脑人物说这都是为了和平。这是什么和平?这是强盗的和平!这是什么和平大会?这是强盗分赃的大会!"一排排骑警包围着聚集在法国总统府门外的华人游行队伍,但是游行的人们毫无惧色,仍然在勇敢地呼喊着爱国口号,继续游行。这时,一队骑警策马冲进游行队伍,挥棒打向人群。游行队伍一片混乱,许多人被打伤,马蹄肆意地践踏着标语牌。

当巴黎和会决定把德国在山东的权益转让给日本的消息传到北京的时候,中国公众顿时陷入一片沮丧和愤怒的情绪当中。5月4日,中国爆发了反帝反封建的五四运动。国内的呼声一浪高过一浪，代表团面临着更大的压力。

为了改变中国面临的不利局面，代表团只能强忍耻辱拜会各方，尽最大的努力进行外交斡旋。然而，最终列强们还是拒绝了中国代表团的一切要求：修改不允，保留不允。

四

顾维钧所住的楼前聚集了许多举着标语牌的民众。肖克俭带领着愤怒的人群在示威。他大声地告诉示威人群，中国代表团只会讨好列强，乞求强盗的善心，他们从来不相信民众。在他慷慨激昂的演说下，大家高涨的情绪被点燃了起来，高喊着"打倒列强""还我山东"等口号。这时顾维钧镇静地下了车，走向人群。

一个留学生说，只要顾维钧不在巴黎和会上签字他们就离开。顾维钧被大家的爱国热情感动了，他承诺一定会努力寻求解决方法，但是他不能做任何保证，因为外交事务非常复杂。人们愤怒了，长久以来积压在心里的怒火一下子燃烧起来了。大家推搡着顾维钧，甚至有人喊着打死顾维钧。顾维钧被打倒在地上，被愤怒驱使的人们并没有停下来，他们继续殴打着顾维钧。这时受过顾维钧帮助的房东女儿，法国姑娘让娜，拿着双筒猎枪朝天鸣枪，然后大声对人群说顾维钧比所有人都勇敢，比所有人都有责任心。清醒过来的人们慢慢离去。

幽暗的地下室里，一半露在外面的窗口透进来柔柔的光亮，却已经造成了光线明暗极大的反差。肖克俭和十来个华侨、身着工装的华工、留学生在开会。房间里烟雾弥漫，肖克俭严肃地说道："我们要向世界表明山东是中国人的。"

一个留学生悲痛地说道："看来我们只有以死抗议，震动整个巴黎了。"众人默然不语。他又继续说道："建议是我提出来的，应该由我来承担。"肖克俭急忙激动地说道："我是联合会的会长，理应由我来承担。"梅听到这个消息之后伤心地离去。

一个华工正色地说道："大家别争了，我们抽签吧！"

肖克俭打开自己抽到的签，上面写着"死"字。他默默地看着上面的字。

梅在马车上焦急万分，她要去找顾维钧。可是顾维钧没有在家。雨点打在马车上，滴滴答答地作响。梅坐在马车里痛苦地思索着刚刚发生在眼前的一幕：

梅跑进地下室，地下室里已经空无一人。她怔怔地看着桌上的纸条。肖克俭刚才坐过的那个位子上摊开着一张纸条，上面写着一个字——"死"。她急忙奔进阁楼，看到桌子上放着一封信，信上写道："梅，回祖国去！那里已经在燃烧，那里将是一片热土，回去吧！"

梅热泪盈眶。她冒着大雨在街上狂奔着，大声地喊着："肖克俭！"雨水和泪水混合着，从她的面颊上流了下来。

天空笼罩在黎明前的黑暗中。广场的石头地面上铺放着巨幅的法国、英国、美国国旗。三国国旗前面，端坐着裹着中国五色旗的肖克俭。他平静肃穆地坐在那里，如参禅入定的高僧一般。他在回忆着和梅在一起的美好时光⋯⋯

梅和肖克俭骑着自行车经过圣心教堂门前。他们骑着自行车经过巴黎圣母院。他们悠闲地躺在草地上。梅笑吟吟地看着蓝天白云。他们静静地望着高耸入云层的埃菲尔铁塔。那是多么让人陶醉的岁月呀。

肖克俭努力摇摇头，驱散回忆的干扰，然后毅然决然地点燃了火把。熊熊燃起的火光迅速将他吞没。火光中，他仿佛看到了梅的笑脸，看到了跳动在梅胸前的玉麒麟。大火中肖克俭的脸因为痛苦而有些扭曲变形，但是他仍然在火焰中岿然不动。火焰烧着了法国、英国、美国的国旗，火光直冲向天空。

和会闭幕前，中国代表团收到来自世界各地华侨和国内民众团体发来的86封电报，纷纷要求代表团拒绝在凡尔赛合约上签字。凡尔赛宫门前，参加和会的各国代表的车纷纷进入大门。会议开始前，外交官们有的站着，有的坐着，大家十分热烈地讨论着。而中国的席位上，顾维钧和王正廷正襟危坐，与会场的氛围形成强烈的反差。

合约签字正式开始。德国代表脸色铁青地走向签字处，然后美国总统将名字签在合约上，法国总统签字，英国首相劳尔·乔治在合约上签字。日本前首相西园寺在合约上签字。其他代表也陆陆续续签了字。

这时，顾维钧站起身，目不斜视地走向签字桌，然后他缓缓注视着主席台上，"尊敬的主席阁下"，然后他转向全体代表，"尊敬的各位代表，我很失望——最高委员会无视中国！我很愤怒，我很愤怒，你们凭什么，凭什么把山东省送给日本人？中国人已经做到了仁至义尽，我想问问这份丧权辱国的和约，谁能接受？"他很有礼貌地将和约文件反扣在桌子上，然后缓缓地说道："所以我们拒绝签字！"

会议室里一片哗然。顾维钧继续说道："请你们记住！请你们记住这一天，中国人永远不会忘记这痛心的一天！"说完他离开了签字桌，和王正廷一起走出了会议室，神情黯然地坐上汽车，离开了凡尔赛宫。

我大脑里突然一阵空白、麻木。中国是战胜国中唯一一个没有在和约上签字的国家，而我们从来没有收到北京政府方面关于拒绝签订合约的任何指示。

我一直沉默着，血是冰冷的，周围却是一股股的热浪，是民众，是整个的国家，把你推到一个历史的标位……当我应哥伦比亚大学东亚学院之邀，口述我的历史时，我还能感觉到1919年在中国土地上熊熊燃烧的那股烈火。

1919年是中国近代史和现代史的分界线。

1919年是中国旧民主主义革命和新民主主义革命的分界线。

1919年6月28日，中国人终于第一次向列强说"不"。

影评选粹

不屈的民族精神

这部影片是为纪念五四运动八十周年而推出的。它不仅弘扬了中华民族反帝反封建的革命精神，而且在创作上别开生面、独具匠心。

影片以顾维钧为代表的中国与西方各国代表团成员的矛盾冲突、较量为线索，刻意塑造了代表政府力量的顾维钧和代表民间力量的肖克俭这两个"民族英雄"形象，表现出他们的勇敢、智慧、民族精神和爱国情操。

在整个故事中，影片浓墨重彩地表现了顾维钧在"和会"上如何以一块怀表，怒嘲日本代表，舌战群敌。结局的高潮部分，顾维钧拒绝在和约上签字，并且影片通过顾维钧之口所说的"我很失望，我很愤怒"来掩饰外交的失败和民族的屈辱。影片最后出现了一行赫然醒目的字幕：1919年6月28日，中国终于第一次向列强说"不"。通过一个大大的"不"字，将中华民族不畏列强的民族精神完美地诠释出来。

作品画面构图饱满均匀，色调柔美典雅，尤其在结尾处肖克俭赴难的过程中，以情绪推动情节的发展，直接将画面导向肖克俭自焚的场景。导演用写意般的画面表现出肖克俭自焚的场景：顾维钧苦闷地弹琴，肖克俭身裹五色旗，中间以闪回的方式展现了肖克俭与梅在巴黎的美好时光，以及梅凄美的笑容。

这三组镜头反复穿插，直到五色国旗燃烧起熊熊大火。这悲怆和沉郁的情境传达出1919年中国人的心理状态和中华民族的时代情感。在列强横行的国际社会中，中国要讨回公道、正义是何等艰难！

精彩回放

顾维钧在巴黎和会上捡到日本代表的金表，引起傲慢无礼的牧野伸显的斥责，顾维钧当即予以驳斥。这一片段尤为精彩。

饰演顾维钧的演员成功地把握住了顾维钧的内在精神和外在气质——不愠不躁，铿锵有力，睿智机敏，有力驳斥了桀骜的日本代表，可谓语惊四座，赢得国际社会刮目相看。

你们日本在全世界面前偷窃了中国的一个山东省，山东省的三千六百万人民，该不该愤怒呢？四万万中国人民该不该愤怒？请问日本的这个行为算不算盗窃？是不是无耻？是不是极端的无耻？

顾维钧首先巧妙地利用日本代表的傲慢本性激起他的愤怒，然后引到主题上来——日本侵占山东算不算偷窃？是不是可耻？影片通过这一桥段，将个人冲突上升到国家冲突，一下子将主人公的爱国、机智和幽默体现得淋漓尽致。

尤其是在讲到山东问题时，顾维钧慷慨陈词，从历史、人文等诸多方面阐明中国必须收回山东的严正立场："中国不能失去山东，就像西方不能失去耶路撒冷。"入情入理，生动形象地表明了中国争取主权独立的决心和信念。